Sylvia Dellemann | Teresa A. K. Kaya | Erika Ramsauer
Praxishandbuch Biografiearbeit Online

Sylvia Dellemann | Teresa A. K. Kaya |
Erika Ramsauer

Praxishandbuch Biografiearbeit Online

Lebensgeschichten digital begegnen

Die Autorinnen

Sylvia Dellemann, Sozialpädagogin B. A., (Lehr-)Trainerin für Biografiearbeit, Koordinatorin im Familienrat, Systemisch Spirituelle Coachin. Ihre Schwerpunkte: Lebensgeschichten in Lebensbüchern und Biografischen Fotobüchern bewahren, bedenken, bewegen und beginnen; Workshops, Seminare, Lehrgänge und Coaching für Kinder, Jugendliche, Frauen, (Pflege-)Familien. www.OmaLotti.de

Teresa A. K. Kaya, Dr. phil., Diakoniewissenschaftlerin, (Lehr-)Trainerin für Biografiearbeit, Dozentin für Soziale Arbeit und Sozialmanagement an verschiedenen Hochschulen, Referentin, Autorin und Schriftstellerin. www.takkaya.de

Erika Ramsauer, MTD (Master in training and development), (Lehr-)Trainerin für Biografiearbeit, Heilpraktikerin für Psychotherapie und Mentorin für Logotherapie und Existenzanalyse. Sie arbeitet länderübergreifend in Deutschland und Österreich als ressourcenorientierte, freiberufliche Trainerin und Beraterin. www.erikaramsauer.de

Dieses Buch ist erhältlich als:
ISBN 978-3-7799-6774-3 Print
ISBN 978-3-7799-6775-0 E-Book (PDF)

1. Auflage 2022

Herstellung: Ulrike Poppel
Satz: text plus form, Dresden
Druck und Bindung: Beltz Grafische Betriebe, Bad Langensalza
Beltz Grafische Betriebe ist ein klimaneutrales Unternehmen (ID 15985-2104-100)
Printed in Germany

Weitere Informationen zu unseren Autor_innen und Titeln finden Sie unter: www.beltz.de

Inhalt

Vorwort

Die Idee zu diesem Praxishandbuch entstand im Zuge der gemeinsamen Vorbereitung des ersten Online-Zertifikats-Lehrganges von LebensMutig e. V. – Gesellschaft für Biografiearbeit.

Vorausgegangen waren zahlreiche Lernentwicklungsschritte in Bezug auf Möglichkeiten und Grenzen der Biografiearbeit in Online-Settings. Eine anfängliche Skepsis wich mehr und mehr einer positiv gestimmten Verwunderung über die Möglichkeiten und letztlich einer Wertschätzung der Chancen, die sich uns als Trainerinnen für Biografiearbeit bei der Gestaltung von Begegnungen im digitalen Raum auftaten.

Wir, die wir in verschiedenen Teilen Deutschlands und in Österreich verstreut leben und arbeiten, kamen letztlich erst durch den digitalen Raum für gemeinsame Online-Projekte in engeren kollegialen Kontakt. Der digitale Raum war und ist für uns ein Türöffner für eine fruchtbare Zusammenarbeit.

Wir haben das Online-Setting eben nicht (nur) als Alternative, sondern vielmehr als weiteres Angebot mit eigenem Berechtigungsdasein schätzen gelernt. Das Format ermöglicht die Wahl seitens Anbieter*innen und Teilnehmer*innen, sich im virtuellen Raum zu begegnen, wo sonst keine Begegnung möglich wäre.

Insbesondere in Zeiten oder Lebenssituationen, in welchen analoge Begegnungen nicht möglich sind, braucht es Alternativen und zukunftstaugliche Veränderungen. Die Biografiearbeit lebt von Begegnungen der Menschen miteinander und den Begegnungen mit sich selbst. Die angeleitete Beschäftigung mit dem Lebensweg verbindet die vielfältigen und individuellen Lebensgeschichten und bringt den Dreiklang aus dem Gestern, dem Heute und dem Morgen miteinander in Einklang. Dabei schaffen diese Begegnungen immer wieder zwischenmenschliche Kontakte, die ebenfalls zu Ressourcen wachsen dürfen.

Als Trainerinnen für Biografiearbeit sehen wir uns in erster Linie als Wegbegleiterinnen und Impulsgeberinnen. Die zahlreichen, kreativen Methoden, die die Biografiearbeit bietet, lassen sich aus dem analogen Setting in den digitalen Raum übertragen, abwandeln und neu entwickeln. Im Verein LebensMutig e. V. – Gesellschaft für Biografiearbeit, dem wir angehören, entstanden Arbeitsgruppen rund um verschiedene Themen, die in dieser Art und Weise in Präsenz nie möglich gewesen wären, da wir über ganz Deutschland, Österreich, Südtirol und die Schweiz verstreut sind. Das Online-Format verband uns „länderübergreifend“ und wir wurden schon alleine durch die unterschiedlichsten Dialekte zu biografischen Themen gelenkt.

Online beinhaltet keine Zauberformel und es ist kein Ersatz für persönliche, analoge Zusammentreffen vor Ort. Für uns ist es vielmehr die konsequente Weiterentwicklung möglicher Begegnungsformen.

Wir wollen Sie mitnehmen in die Welt der digitalen Möglichkeiten und uns dort gemeinsam nach allen Seiten umsehen. Welche Herausforderungen stellen sich uns? Welche Chancen bieten sich und welche Eigenarten sind zu reflektieren? Wir wünschen uns, mit diesem Buch Leser*innen alte Perspektiven auf neue Situationen und neue Perspektiven auf alte Situationen zu ermöglichen.

Sylvia Dellemann, Teresa A. K. Kaya und Erika Ramsauer
Fulda, Heidelberg und Salzburg im Mai 2022

1 Einführung

„Ich erfinde nichts, ich entdecke neu."
(Auguste Rodin)

Bevor wir thematisch in die *Biografiearbeit Online* in all ihrer Vielfältigkeit einsteigen, wollen wir einige grundlegende Gedanken formulieren. Dabei ist uns wichtig, unser Verständnis von Biografiearbeit allgemein darzulegen, um anschließend auf die Spezifika von *Biografiearbeit Online* eingehen zu können. Abschließend findet sich eine kurze Beschreibung der einzelnen Kapitel für einen Gesamtüberblick.

1.1 Was ist Biografiearbeit?

Biografiearbeit ist eine Form von Beschäftigung mit dem eigenen Leben. Dies gilt sowohl für Einzelpersonen als auch für Paare, Familien und sogar Firmen und Organisationen. Wichtig ist es, das (Geschäfts-)Leben in der Dreidimensionalität anzuschauen, d.h. in der Vergangenheit, in der Gegenwart und der Zukunft. Hier fließen selbstverständlich auch historische und gesellschaftliche Zusammenhänge der jeweiligen Zeit mit ein, die mehr oder weniger Einfluss auf das persönliche Leben bzw. auf die organisationale Entwicklung haben und so zu einem besseren Verständnis für gewachsene Profile beitragen können.

Was war in der Vergangenheit? Bei der Antwort auf diese zentrale Frage geht es v.a. darum, nicht bei den negativen Aspekten stehenzubleiben, sondern zu ergründen, was einen als Person, Paar, Familie oder Organisation „überleben" oder wachsen ließ. Bei Krisen braucht es immer bestimmte persönliche Fähigkeiten und die Erarbeitung von Strategien, um diese überbrücken zu können. Diese Stärken haben wir dann in unserem ganz persönlichen Ressourcen-Rucksack, um das Leben in der Gegenwart und in der Zukunft gut gestalten zu können. Das heißt nicht, dass die negativen Dinge übersehen oder gar ausgeblendet werden. Nein, sie sind da, werden angeschaut und bestenfalls angenommen, und danach ist es Zeit, sich auf- und neu auszurichten und möglichst mit all den gelernten Aspekten weiterzugehen bzw. weiterzuarbeiten. Wenn schwierige Phasen im Rückblick angenommen und verstanden werden, können sie auch ins Gesamtbild des Lebens integriert werden.

Biografiearbeit in der Erwachsenenbildung und in vielen Arbeitsfeldern der Sozialen Arbeit ist – in Abgrenzung zur Therapie – eine ergebnisoffene Herangehensweise mit vielen bunten Methoden, die zur Auseinandersetzung mit dem eigenen Leben in all seinen Facetten dient. Dies kann sowohl unter professioneller Anleitung als auch durch den eigenen Blick auf das Leben geschehen. Biografiearbeit ist ein Stück „Ganz-Werden", d.h. Menschen haben die Möglichkeit, durch die Arbeit am eigenen Leben evtl. einen „roten Faden" zu entdecken und Zusammenhänge zu verstehen. Die Fragmente eines Lebens werden – wie bei einem Quilt aus verschiedenen Stoffen – aneinandergehängt. Bunt und von unterschiedlichster Qualität sind die einzelnen Kapitel des Lebens und fügen sich nach und nach zu einem Ganzen zusammen. Durch die Beschäftigung mit der eigenen Biografie können Menschen Sicherheit gewinnen und Sinn entdecken. Biografiearbeit lebt einerseits vom eigenen Erleben und andererseits von der Kommunikation, wie beispielsweise dem Erzählen. Ein Schwerpunkt der Biografiearbeit sind erzählte Lebensgeschichten. So kann z.B. ein älterer Mensch einem jungen Menschen sehr viel kostbares Wissen und Erlebtes und auf diese Weise seine Werte weitergeben. Biografiearbeit ist ein Sich-Erinnern und Geschichten-Erzählen. Dazu braucht es ein aufmerksames Gegenüber, das aktiv und wohlwollend zuhört und sich die Zeit dafür nimmt.[1] Dies gelingt nicht nur analog, sondern eben auch digital wunderbar, denn der digitale Raum bietet ausreichend Gelegenheit zum Erzählen, Zuhören und Ausprobieren.

Prinzipien der Biografiearbeit

Der Verein LebensMutig – Gesellschaft für Biografiearbeit e.V. sieht folgende Prinzipien vor[2]:

- Biografiearbeit ist Ressourcenarbeit.
- Erinnerung ist eine Form der Begegnung.
- Biografiearbeit ist freiwillig.
- Es besteht das Recht auf Schweigen.
- Jede individuelle Geschichte hat hier Raum (es gibt keine Themenverfehlung).
- Der/die Teilnehmer*in bestimmt die Tiefe.
- Biografiearbeit braucht Vertraulichkeit.
- Biografiearbeit hat die Dimension von Sinn und Werten im Blick.

---

1 Auf diesen Aspekt gehen wir in Kapitel 4 intensiv ein.

2 Die Prinzipien sind auf der Vereins-Webseite im internen Bereich veröffentlicht unter www.lebensmutig.de.

- Biografiearbeit fördert und fordert Achtsamkeit und Wertschätzung.
- Biografiearbeit ist handlungsorientiert, erfahrungsbezogen und alltagsrelevant.

In anderen Worten:

- Biografiearbeit meint die Beschäftigung eines jeden Menschen mit der eigenen Biografie, also seiner Vergangenheit, Gegenwart und Zukunft. Sie setzt bei Ressourcen an, ist handlungsorientiert, erfahrungsbezogen und alltagsrelevant.
- Biografiearbeit richtet sich an Menschen in allen Lebensaltern und Lebensphasen und beachtet dabei die historischen, gesellschaftlichen und politischen Umwelten. Sie ist freiwillig und braucht Vertraulichkeit. Jede individuelle Geschichte hat hier Raum. Der/die Teilnehmer*in bestimmt die Tiefe der Beschäftigung mit der eigenen Biografie und hat das Recht auf Schweigen.
- Biografiearbeit stellt spezielle Methoden, Sicht- und Handlungsweisen zur Verfügung, z. B. für die Bildungsarbeit, Beratung, Therapie, Seelsorge, Pflege, u. a. Erinnern ist eine Form der Begegnung. Biografiearbeit hat die Dimension von Sinn und Werten im Blick, sie fördert und fordert Achtsamkeit und Wertschätzung.

Wir wollen diese Prinzipien um einen in unseren Augen wichtigen Punkt ergänzen: die diversitätssensible Grundhaltung, in der wir den Menschen im Rahmen von Biografiearbeit begegnen. Damit meinen wir die grundlegende Annahme, dass jeder Mensch in seinem individuellen Sosein zur Vielfalt beiträgt und diese Vielfalt für uns alle wichtig und richtig ist. Die Charta der Vielfalt zeigt die unterschiedlichen Dimensionen auf, die auch als Grundlage für Perspektiven der Biografiearbeit dienen können.[3]

Zudem gehen wir noch ergänzend auf die Prinzipien für den digitalen Raum ein.[4]

Die Stränge der Biografiearbeit

Der rote Faden, der gerne in der Biografiearbeit als Symbol verwendet wird, kann in unterschiedliche Fäden, die symbolisch für einzelne Stränge der Biografiearbeit[5] stehen, aufgedröselt werden. Genauso setzt sich das Leben eines

3 Vgl. Charta der Vielfalt unter https://www.charta-der-vielfalt.de/.

4 Die Prinzipien der Biografiearbeit erweitert um die digitale Perspektive stellen wir in Kapitel 2 vor.

5 Vgl. Klingenberger/Ramsauer (2017), S. 12.

Menschen aus vielen Teilen und Aspekten zusammen. Diese Teile greifen teilweise ineinander über, d. h. sie haben Einfluss aufeinander.[6]

Aus diesen Strängen können viele Themen des Lebens entwickelt und bearbeitet werden, die wir hier beispielhaft für die Arbeit in analogen und digitalen Seminaren und Workshops in gekürzter Variante anführen:

- *Soziale Biografie oder Soziobiografie:* Abstammung, Familie, Beziehungen, soziales Umfeld, Lebens- und soziale Verhältnisse.
- *Kulturbiografie:* Kunst, Tanz, Theater, Literatur, Musik[7], Traditionen und Rituale, wie z. B. Tischkultur, Mode.
- Ökologische Biografie: Körper, Sexualität, Gesundheit, Natur, Wohnorte, Dinge, die uns wichtig sind.
- *Mythobiografie:* Religion, Spiritualität, Werte, Weltanschauung.
- *Bildungs-, Lern- und Erwerbsbiografie:* Schulerfahrungen unterschiedlicher Art (z. B. Fahrschule oder Tanzschule), Arbeitsplätze, Berufswunsch, unbezahlte Arbeit.
- *Geschlechterbiografie:* Geschlechterrollen und Identität.
- *Persönlichkeitsbiografie:* Kognitive, emotionale und Verhaltensprägungen.

Themenfelder, die aus der Betrachtung der Stränge entstehen können, sind u. a. Biografiearbeit in aller Welt, Biografiearbeit mit Frauen/Männern, das Leben in Ost- und Westdeutschland, in der Lebensmitte, mein Glaube, Wegbegleiter*innen, mein Leben, meine Gesundheit u. v. m.

Wir empfehlen für das Format *Biografiearbeit Online* in Kleingruppen Themen mithilfe der Stränge zu finden und diese schriftlich festzuhalten. Durch das Sehen all der unterschiedlichen Ideen kommen weitere Aspekte dazu und so erweitert sich der Pool der möglichen biografischen Themen nach und nach und wird zu einem schier unerschöpflichen Schatz. Sobald Teilnehmer*innen ein Thema für sich entdeckt haben, werden sie im Alltag einen Blick für genau dieses Thema entwickeln und z. B. Zeitungsartikel, Fotos etc. dazu entdecken.

Biografische Kompetenz

Die biografische Kompetenz ist die Fähigkeit eines Menschen, die eigene Biografie aus unterschiedlichen Perspektiven zu betrachten, über sie nachzudenken, Konsequenzen zu ziehen und das Leben zu bewältigen bzw. in

---

6 In Kapitel 5 wird eine genauere Methode dazu beschrieben.

7 Die Methode „Musik bewegt und berührt“ ist in Kapitel 5 erläutert.

Folge die eigene Zukunft gut planen zu können. Biografisch kompetente Menschen stellen sich mutig den Herausforderungen des eigenen Lebens, ziehen immer wieder Bilanz und tarieren die eigenen Ziele unter Berücksichtigung der jeweiligen kulturellen, gesellschaftlichen und politischen Rahmenbedingungen immer wieder neu aus. Sie stellen sich den Herausforderungen des Lebens mit der grundlegenden Ausrichtung auf Ziele und Lösungen statt auf Defizite.

Selbstreflexion und Persönlichkeitsentwicklung

Ein Muss für jeden Menschen, der biografisch mit anderen Menschen arbeitet, ist die Selbstreflexion, also die eigene Biografie angeschaut, bearbeitet und ein Stück verstanden zu haben. So sind auch wir Trainer*innen uns unserer eigenen Biografie bewusst, nützen die darin liegenden Chancen und stellen uns unseren persönlichen Herausforderungen. Selbstverständlich ist für uns auch, immer wieder Zwischenbilanz zu ziehen, um dann weitere Pläne entwerfen und umsetzen zu können. Dies alles geschieht in dem Bewusstsein, dass der gesellschaftliche und politische Aspekt der Zeit, in der wir leben, einen großen Einfluss auf unser Leben hat. In der Biografiearbeit allgemein und natürlich auch in der *Biografiearbeit Online* ist es wichtig, sich mit bestimmten Themen des Lebens auseinanderzusetzen. Trainer*innen sollten sich auch den herausfordernden Themen des Lebens wie Krise, Scheitern, Sterben, Tod, Trauer etc. gestellt haben bzw. immer wieder stellen. Dies kann verhindern, dass sie in Seminaren handlungsunfähig werden, falls ein ähnliches Thema in der Gruppe auftritt und sie dadurch massiv berührt[8] werden.

Biografiearbeit bietet auch die Möglichkeit, die einzelnen Facetten der eigenen Persönlichkeit kennen und schätzen zu lernen. Sowohl positive als auch einschränkende Prägungen aus der Ursprungsfamilie haben Einfluss auf das gesamte Leben. In der Biografiearbeit wird der Aspekt der positiven Prägungen und auch der ererbten Persönlichkeitsmerkmale in den Fokus gerückt. Je besser sich ein Mensch selbst kennt, desto besser kann er sein Leben nach den eigenen Fähigkeiten und Werten gestalten und somit ein Leben führen, das zur eigenen Persönlichkeit passt.

Biografiearbeit Online bietet hier auch viele Möglichkeiten, sich mit der eigenen Persönlichkeit auseinanderzusetzen, und das im geschützten Rahmen der eigenen vier Wände.

---

8 Auf diesen Aspekt gehen wir in Kapitel 3 noch näher ein.

1.2 Was ist *Biografiearbeit Online?*

Biografiearbeit Online ist eine spezielle Form von Biografiearbeit, die nicht neu ist, jedoch vor allem durch die Pandemie groß an Bedeutung gewonnen hat. Diese Form des Angebotes im digitalen Raum wird sich in den nächsten Jahren weiter etablieren. Damit bietet sie eine weitere Möglichkeit für Menschen, in Kontakt zu kommen, sich inspirieren zu lassen, sich auszutauschen sowie Workshops und Seminare zu besuchen.

Biografiearbeit Online zu „machen" ist eine bewusste Lebensentscheidung: Möchte ich mich intensiv mit mir und meiner Geschichte, meinen Erfahrungen und meinen Erinnerungen im digitalen Raum beschäftigen? Die eigene Biografie ist gespickt von Lebensgeschichten und den damit verbundenen getroffenen Lebensentscheidungen. Mit dem „Ja" zum Online-Meeting[9] werden persönliche Haltungen und Werte ausgedrückt. Die Entscheidung für ein Online-Setting kann ein Orientierungsanker[10] für andere Menschen sein, indem sich einige davon mitziehen lassen: „Ja, Online, das möchte ich auch mal ausprobieren", und andere für sich entscheiden: „Ein Online-Meeting? Das ist sicher nichts für mich".

Was „macht" nun aber das Online-Format mit der Biografiearbeit?

Manche Teilnehmer*innen von Online-Meetings erzählen von einer „Nähe", die trotz der räumlichen Entfernung glückt, manche fühlen sich sogar offener für neue Begegnungen, weil sie sich durch die private Umgebung – und damit durch ein Stück persönliche Sicherheit im selbstbestimmten Lernen – geschützter fühlen, vor allem wenn der digitale Austausch sehr tief geht. Eine große Vielfalt an Methoden ist für Trainer*innen unbedingt notwendig, um die Teilnehmer*innen im Online-Setting „am Ball" zu halten und das Angebot abwechslungsreich zu gestalten. Hier ist es wiederum wichtig, das richtige Maß zu finden, um weder zu über- noch zu unterfordern. Es können auch ergänzende Methoden als Impulse gesetzt werden, wie z. B. ein Telefon-Geh-Spräch.[11]

---

9 Was wir unter dem Begriff Online-Meeting verstehen, beschreiben wir detailliert in Kapitel 2.

10 Vgl. Klingenberger/Ramsauer (2017), S. 70.

11 Die Methode „Telefon-Geh-Spräch" beschreiben wir ausführlich in Kapitel 2.

Mit *Biografiearbeit Online* Grenzen überwinden

Biografiearbeit Online ermöglicht das Vernetzen über verschiedene Städte, Regionen, Länder und Kontinente hinweg. Diese Vielfalt eröffnet im wahrsten Sinne des Wortes Welten. Diese Horizonterweiterung, so unsere Erfahrung, bietet inhaltlich neue Dimensionen und Möglichkeiten, beispielsweise ist in den verschiedenen Kulturen, die zusammenkommen, oder über Dialekte ein biografisches Thema zu entdecken und aufzugreifen. So können durch das digitale Begegnen von Lebensgeschichten einerseits Ländergrenzen überwunden werden und andererseits mögliche persönliche Grenzen. Diese individuellen Grenzen können sich z. B., wie zuvor erwähnt, bzgl. der Entscheidung für oder gegen eine Teilnahme an einem Online-Meeting und darin, sich auf die Technik einzulassen, überhaupt zeigen. Um etwas Neues auszuprobieren und zu wagen, muss der Mensch seine Komfortzone erst einmal verlassen. Der Zuspruch von Mut und Vertrauen kann stärkend sein.

Es ist uns ein großes Anliegen, Biografiearbeit in einer diversitätssensiblen Grundhaltung zu denken. Das heißt konkret, es ist uns wichtig, alle Menschen miteinzubeziehen, jeden Menschen in seiner diversen Einzigartigkeit. Unsere Haltung ist eine Haltung der Wertschätzung und Achtung allen Menschen gegenüber. Wir begegnen uns wohlwollend und achtsam.

Unsere Angebote richten sich dementsprechend an alle Interessierten und werden zielgruppenspezifisch ausgearbeitet. Zielgruppe unserer Angebote sind Menschen jeden Alters, mit verschiedenen Lebenskonzepten, aus unterschiedlichen Berufsfeldern, mit und ohne Migrationshintergrund, jeglichen Geschlechts und mit und ohne Beeinträchtigung[12]. Wie sich letztlich die Teilnehmer*innengruppe zusammensetzt, ist in der Erwachsenenbildung immer wieder spannend. Doch auch, wenn die Zielgruppe einer der genannten Kategorien zugehörig ist, z. B. Menschen mit Beeinträchtigung, lassen wir uns offen auf den ganzen Menschen ein. Zu häufig werden Menschen einer Gruppe ausschließlich auf das Zugehörigkeitsmerkmal in ihrer persönlichen Identität reduziert.

12 Auf diese Themen gehen wir in Kapitel 6 näher ein.

1.3 Gedanken zu Diversität und Teilhabe

Wenn wir in der Biografiearbeit Menschen begegnen, begegnen wir ihnen in ihrem individuellen Sosein. Wir verfolgen dabei einen inklusiven Ansatz und haben den Anspruch, eine Teilnahme im digitalen Raum für alle Menschen, ob mit oder ohne Beeinträchtigung, zu ermöglichen.[13] Dabei sind zwei Voraussetzungen essenziell für das Gelingen eines inklusiven digitalen Miteinanders.[14] Einerseits ist es das Bewusstsein und die Offenheit der Trainer*innen für die Bedürfnisse von diversen, heterogenen Gruppen. Die Trainer*innen brauchen zudem eine fachspezifische Kompetenz, andererseits eine Sensibilisierung für die Gestaltung von Online-Angeboten für diverse Gruppen. Der Austausch mit qualifizierten Fachkräften, mit fundiertem Know-how zur Teilhabegerechtigkeit, ermöglicht eine reflektierte Auseinandersetzung mit dem Thema Diversität im digitalen Raum. Zudem ist es wichtig, sich bewusst zu machen, wer mit dem Angebot angesprochen werden soll. Nicht alle Angebote eignen sich für alle Menschen gleichermaßen.

Der Zugang zur digitalen Welt – die digitale Teilhabe – ist für alle Menschen von Bedeutung, betont beispielsweise Prof. Dr. Stefan Doose[15], der u. a. mit Menschen mit Beeinträchtigungen in Online-Settings arbeitet.[16] Das ist insbesondere vor der Tatsache relevant, dass es nach wie vor Menschen gibt, die, selbst wenn sie wollten, keinen Zugang zum digitalen Raum von zuhause aus haben. Rund 12 % der Bevölkerung sind ohne digitale Ausstattung unterwegs.[17]

---

13 Unsere persönlichen Erfahrungen mit diversen Gruppen sind sehr unterschiedlich. Mehrheitlich können wir berichten, dass die Gruppen in der Regel eher homogen zusammengesetzt sind und Menschen, die marginalisierten Gruppen angehören, eher weniger teilnehmen.

14 Für eine erfolgreiche Teilnahme von Menschen mit Beeinträchtigungen ist die kognitive Kompetenz wesentlich.

15 Prof. Dr. Stefan Doose ist Professor für Integration und Inklusion und Referent für Persönliche Zukunftsplanung. Für unsere Arbeit stehen wir in direktem Fachaustausch.

16 Wie dieser Zugang barrierefrei gestaltet werden kann, beleuchten wir in Kapitel 2.

17 Vgl. D21 DIGITAL INDEX. 2020/2021 Jährliches Lagebild zur Digitalen Gesellschaft, letzter Aufruf am 10. 12. 2021, S. 36.

1.4 Wegweiser durch das Buch: Der rote Faden

Der rote Faden ist einerseits einer der wesentlichen Aspekte der Biografiearbeit. Er bietet u. a. eine methodische Darstellungsform verschiedener Lebensabschnitte, daher wird er häufig auch „Lebensfaden" genannt. Andererseits begegnet uns der rote Faden als Leitschnur, als Fahrplan in vielerlei Hinsicht: in einem Seminar, Workshop oder Online-Meeting, in jeglichen Lebensthemen und bestenfalls in einem Buch!

Bevor die Leser*innen in die Welt der *Biografiearbeit Online* eintauchen und sich inspirieren lassen, möchten wir an dieser Stelle den roten Faden dieses Buches zur Orientierung vorstellen. Darunter zählen die verwendeten Begrifflichkeiten und wiederkehrenden Symbole.

Folgende zentrale Begrifflichkeiten verwenden wir im Laufe des Buches:

- *Analoges Setting*[18]: Begegnungen im analogen Raum, z. B. bei analogen Workshops und analogen Seminaren.
- *Online-Setting:* Das Online-Setting umfasst den Rahmen der digitalen Begegnung. Ideen, wie diese stattfinden können sind beispielsweise der Chat, der E-Mail-Austausch und das Online-Meeting.
- *Online-Meeting:* Das Online-Meeting umfasst klassische Formate wie das Online-Coaching, den Online-Workshop, das Online-Seminar bis hin zum Online-Lehrgang. Also: klassische Formate digital übersetzt.
- *Online-Seminar:* theoretisches Wissen und angewandte Praxis, bei Aufzeichnung auch für das Self-paced learning geeignet, längerfristig als z. B. ein Online-Workshop.
- *Online-Workshop:* Im Fokus steht weniger die Wissensvermittlung und mehr das praktische Tun und direkte Ausprobieren, kürzer als z. B. ein Online-Seminar.
- *Online-Lehrgang:* Ein Online-Lehrgang ist gleichzusetzen mit einer spezifischen Fort- und/oder Weiterbildung. Durch das Belegen mehrerer, aufeinander folgender Module, über einen längeren Zeitraum, erlangen Teilnehmer*innen eine Qualifikation bzw. ein Zertifikat.

18 Geläufiger ist der Begriff „Präsenz-Seminar", den wir bewusst nicht wählen. Im digitalen Raum ist unsere Präsenz essenziell für berührende Begegnungsmöglichkeiten.

- *Peergroups:* Online-Kleingruppentreffen, z. B. zum Vertiefen und Reflektieren von Inhalten aus dem Online-Meeting.
- *Tool:* Ein Werkzeug zum Umsetzen von Methoden, wie beispielsweise eine digitale Pinnwand zum Sammeln von Ergebnissen.

Noch ein weiterer Hinweis: Die in diesem Buch beschriebenen Online-Meetings finden live statt, d. h. Trainer*innen und Teilnehmer*innen sind in Echtzeit gemeinsam im digitalen Raum.

Wir arbeiten zur besseren Übersicht in diesem Buch mit einigen Symbolen, die wiederkehrende Inhalte oder spezielle Aspekte kennzeichnen:

- *„Auf einen Blick"-Kästen:* In diesem Buch sind wesentliche „Knackpunkte" in den einzelnen Kapiteln als Kästen zusammengefasst und heben Besonderheiten von einigen Themenpunkten grafisch „auf einen Blick" hervor.

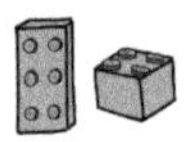

- An diesen Stellen stehen *Methoden.*

Software-Angebote für die digitale Begegnung und Datenschutz
Wir nennen keine konkreten Plattformen, Programme, Tools oder Anbieter, denn was heute noch aktuell ist, kann in kurzer Zeit schon wieder durch etwas Neues ersetzt sein. Zudem fällt die Entscheidung für oder gegen spezielle Software nicht selten aufgrund persönlicher Vorlieben aus. Wir haben einiges erprobt und im Laufe der Zeit unsere Vorlieben bei der Auswahl der Programme entwickelt. Ein wichtiger Gesichtspunkt bei der Auswahl der Software ist die Kostenfrage. Während manche Programme kostenlos genutzt werden können, sind andere kostenpflichtig. Zudem ergeben sich teilweise große Preisunterschiede. Aus unserer Sicht ist es wichtig, den Teilnehmer*innen keine Extra-Gebühren für die Nutzung der Software in Rechnung zu stellen.

Was wir in diesem Zusammenhang noch erwähnen wollen, ist die Tatsache, dass wir keinen Anspruch auf Vollständigkeit unserer Ausführungen erheben. Uns ist bewusst, dass gerade im Bereich *Biografiearbeit Online* vieles im steten Wandel ist und hier unzählige neue, spannende Wege beschritten werden dürfen und können.

Alle unsere Angebote, die im digitalen Raum stattfinden, unterliegen der DSGVO, nach der wir uns nach bestem Wissen richten. Auf eine detaillierte Diskussion des Themas Datenschutz wird im Rahmen dieses Buches bewusst verzichtet. Als Anbieter*in von *Biografiearbeit Online* sollte man unbedingt eigene Datenschutz-Regelungen kommunizieren und schriftlich aushändigen. Da diese je nach Rahmen sehr individuell ausfallen können, haben wir auf eine allgemeine Richtlinie verzichtet. Zu klären ist beispielsweise auch, ob einer Aufzeichnung zugestimmt wird oder nicht.

Übersicht der Kapitel

Wir führen in *Kapitel 2* in den digitalen Raum ein und definieren wichtige Unterscheidungen bei der Betrachtung der diversen Möglichkeiten. Zunächst betrachten wir das Online-Meeting und gehen anschließend auf die einzelnen Formate, wie Seminar und Workshop, Lehrgang, Peergroup, Coaching etc., ein.

Wie wir als Anbieter*innen biografischer Einheiten den Rahmen für berührende Erfahrungen im digitalen Raum setzen, zeigen wir in *Kapitel 3* auf. Wir gehen darauf ein, wie wir Verbindungen herstellen können, wie wir Begegnungen schaffen, was wir tun können, um die Verbindung (in zweierlei Hinsicht) am Laufen zu halten und letztlich einen Abschluss und Wiedereinstieg in die analoge Welt schaffen.

In *Kapitel 4* legen wir den Blick auf die Besonderheiten digitaler Kommunikation. Darunter zählen technische Grundlagen, die Kommunikation zwischen Trainer*innen und Teilnehmer*innen, Leichte Sprache, klassische Kommunikationsmodelle, besondere Herausforderungen und Selbstfürsorge.

Zahlreiche Praxisbeispiele zu den Online-Formaten finden sich in *Kapitel 5*. Wir beschreiben verwendete Methoden aus der (online) Praxis, die uns als Trainer*innen für Biografiearbeit besonders gut gefallen und liegen. Es ist uns wichtig, dass die Teilnehmer*innen durch das Kennenlernen, Ausprobieren und Erleben für sich selbst feststellen, welche Methoden ihnen liegen und in ihrer eigenen (beruflichen) Praxis umsetzbar sind. Dies entspricht unserer Haltung und unserem persönlichen Anspruch: Alles darf, nichts muss. Methoden, die wir als Menschen und Trainer*innen anbieten, umsetzen und mit anderen Menschen teilen möchten, leben davon, dass sie uns am Herzen liegen. Sie setzen jedoch nicht die Annahme voraus, dass sie auch anderen Menschen dienlich sein müssen.

Die Methoden in diesem Praxishandbuch sind Methoden, die wir als Trainerinnen für Biografiearbeit selbst erprobt haben. Beispielsweise als Teilnehmerinnen in diversen Veranstaltungen, als Trainer*innen-Team durch die gegenseitige Bereicherung des eigenen Methodenkoffers, bei internen Vereinstreffen unseres Vereins LebensMutig e. V. oder bei diversen Vernetzungstreffen in anderen Arbeitsbereichen, um nur einige Ideen zu nennen. Eine sehr inspirierende Quelle sind für uns die Teilnehmer*innen unserer (online) Angebote – denn durch das gegenseitige Inspirieren durch (neue) Impulse und Methoden entstehen viele neue Ideen für die Möglichkeiten und die methodische Vielfalt der Biografiearbeit. Die Methoden leben vom Kennenlernen, Ausprobieren und vor allem vom Abwandeln, Mischen und Ergänzen aus einem großen Sammelsurium. Dieses Miteinander in unseren (biografischen) Wirkungskreisen schätzen wir sehr, es ist ein wesentlicher Aspekt für die Umsetzung der Biografiearbeit – davon lebt die Biografiearbeit!

Am Ende des Buches steht die Schlussbetrachtung, in der wir *Biografiearbeit Online* kompakt darstellen und daran anschließend die Möglichkeiten und Grenzen von Biografiearbeit im digitalen Raum beleuchten. In einem nächsten Schritt bringen wir unser Fazit auf den Punkt und stellen einige Zukunftsvisionen an.

Für unsere Leser*innen haben wir im Anhang neben einem Methodenverzeichnis, hilfreiche Literaturtipps und Internetquellen sowie Materialien für den Einsatz in Online-Meetings und eine Checkliste für die Planungsphase eines Online-Meetings.

Zum Lesen des Buches darf gerne ein roter Faden in die Hände genommen werden – denn wenn die Hände arbeiten, ist der Kopf frei (für Neues).

2 Der digitale Raum als Möglichkeit der Begegnung

Für viele Anbieter*innen von Biografiearbeit war ein Online-Angebot lange unvorstellbar. Sind es doch die persönlichen Begegnungen im analogen Setting, die Biografiearbeit überhaupt erst möglich machen. Im analogen Kontext werden viele verschiedene Formate, wie Seminare, Workshops, Erzählcafés etc., für die Durchführung von Biografiearbeit in der Erwachsenenbildung und auch in vielen Feldern der Sozialen Arbeit genutzt. Wie ist das im digitalen Raum? Können die analogen Formate „einfach so" ins Digitale übersetzt werden?

Unsere Antwort lautet: jein. Denn manche digitale Settings bieten sich tatsächlich (vermeintlich) dazu an, Konzepte, die für den analogen Austausch entwickelt wurden, 1:1 zu übertragen. Allen voran das Online-Meeting, in dem schnell der Eindruck entstehen kann, man sei vom analogen Raum in den digitalen lediglich „umgezogen" und könne daher auch dieselben analogen Formate mit denselben analogen Methoden umsetzen. Die Unterscheidung zwischen Setting, Format und Methoden ist hier jedoch essenziell, sowohl für die Vorbereitungs- als auch für die Durchführungsphase, kurz: für ein gelingendes Angebot. Denn selbst, wenn das Format passt, müssen die Methoden in der Regel den spezifischen Rahmenbedingungen des digitalen Begegnungsraumes angepasst werden. Und das braucht sehr viel Vorbereitungszeit. Unabhängig davon, ob das analoge Format in den digitalen Raum übertragen werden kann, ist es wichtig, sich bewusst zu machen, ob dies sinnvoll erscheint. Denn abgesehen von Online-Meetings, auch Videokonferenzen genannt, sind über unterschiedliche Anbieter*innen im digitalen Raum viele weitere Formate möglich. Es lohnt sich bei der Entscheidung für oder gegen ein Setting über Ziele und Ausrichtung des Austausches nachzudenken und speziell darauf abgestimmte Formate zu wählen.

2.1 Formen digitaler Settings

Das Setting bezeichnet den Rahmen, in dem die digitale Begegnung stattfindet. Unter die digitalen Settings fallen u. a. das Online-Meeting, Self-paced learning, der Chat, E-Mail-Austausch, das Telefon-Geh-Spräch.

Welches Setting ist das Beste für *Biografiearbeit Online?* Unsere Erfahrung zeigt: Es gibt nicht das eine passende Setting, das für alle biografischen Angebote funktioniert. Vielmehr ist es wichtig, sich die Vor- und Nachteile genau anzusehen. Daher stellen wir nachfolgend einige der gängigsten und aus unserer Sicht passendsten Formate und deren Besonderheiten für die Biografiearbeit vor.

Das Online-Meeting

Das Online-Meeting ist wohl eines der beliebtesten, wenn nicht sogar das beliebteste Online-Setting in der Erwachsenenbildung und in sozialen Handlungsfeldern. Das ist kein Wunder, denn es bietet viel Offenheit, sprich hält viele Möglichkeiten bereit. Vom 1:1-Online-Coaching über den klassischen Workshop bis hin zu Seminaren: Im Online-Meeting ist dies alles realisierbar. Das heißt, viele verschiedene klassische Formate können im Online-Meeting wunderbar umgesetzt werden.

Die komfortable Anwenderfreundlichkeit verschiedener Anbieter*innen ermöglicht ein niederschwelliges Zurechtfinden in der digitalen Welt, auch als Anfänger*innen.

In der Regel ist es sinnvoll, den Teilnehmer*innen im Voraus mitzuteilen, mit welcher Software das Online-Meeting durchgeführt wird. In vielen Fällen ist es notwendig, das Programm herunterzuladen, um die gesamte Bandbreite an Funktionen nutzen zu können. Um die Hemmschwelle für die Teilnehmer*innen niedrig zu halten, ist das freiwillige Angebot eines Technik-Checks hilfreich. In diesem Rahmen können erste Fragen zur Technik gestellt und zudem das Equipment, wie beispielsweise Headset und Mikrofon, ausprobiert werden. Weiters können Besonderheiten besprochen werden, beispielsweise, wenn Menschen teilnehmen, die eine Beeinträchtigung haben und dadurch gewisse Funktionen nicht nutzen können. Online-Meetings sind auch zu zweit (oder mit mehr Personen) möglich, und können damit für Treffen von z. B. Paaren oder Freund*innen genutzt werden.

Besonderheiten des Online-Meetings für die Biografiearbeit

Das Online-Meeting bietet eine wunderbare Vielfalt an Möglichkeiten und stellt die persönliche Begegnung im digitalen Raum in den Mittelpunkt.

Wie in einem analogen Setting ist das Online-Meeting ein Rahmen für verschiedene Formate, wie Seminar, Workshop oder auch Coaching, und kann heterogene Zielgruppen im Sinne der Diversität erreichen.

Self-paced learning

Ein weiteres Format, das häufig im Bildungsbereich zur Anwendung kommt und durchaus interessant für biografisches Arbeiten sein kann, ist das sogenannte Self-paced learning. Der Begriff stammt aus dem Englischen und heißt übersetzt: selbstbestimmtes Lernen. Wie kann selbstbestimmtes Lernen online stattfinden?

Indem Inhalte in Form von Videosequenzen aufgezeichnet und Materialien, wie Arbeitsaufträge, online zeitlich (un-)begrenzt zur Verfügung gestellt werden. Theoretisches Wissen über Geschichte und Möglichkeiten sowie Zielgruppen, Perspektiven und Methoden der Biografiearbeit, können über diesen Kanal vermittelt werden. Wenn dieser Kurs kostenlos bereitgestellt wird, spricht man in der Regel von Massive Open Online Courses, kurz MOOCs. Des Weiteren können ganze Online-Seminare oder einzelne Impulsvorträge aufgezeichnet und im Nachgang zur Verfügung gestellt werden. Damit wird asynchrones Lernen möglich.[1]

Besonderheiten des Self-paced learnings für die Biografiearbeit

Self-paced learning ermöglicht ein ortsunabhängiges und zeitunabhängiges Lernen über Biografiearbeit bzw. das Lernen über sich selbst mithilfe von Methoden der Biografiearbeit.

Self-paced learning sehen wir als ergänzendes Angebot für gezielte Impulse z. B. für den Bereich der Selbstreflexion. Außerdem kann dieses Format für kreative Impulse zum Kennenlernen der Biografiearbeit und deren Möglichkeiten genutzt werden. Im Self-paced learning sind Austausch und Begegnung möglich, wenn zusätzlich in Peergruppen gearbeitet wird.

Der Chat

Der Chat wird häufig als zusätzliches Tool der Kommunikation, beispielsweise im Online-Meeting und weniger als eigenständiges Format wahrgenommen.[2] In unseren Online-Settings erleben wir die Nutzung des Chats als Kommunikationsform mit großem Potenzial. Daher nimmt der Chat für uns einen besonderen Stellenwert ein.

Anders als beispielsweise die Kommunikation in Internetforen, die asynchron nach dem Prinzip „many-to-many" funktioniert, also mehrere Nutzer*innen Zugriff auf einen Chat haben, jedoch nicht zur selben Zeit und dabei zeit- und ortsunabhängig kommunizieren, zählt der Chat zur synchronen Kommunikation. Das heißt, um via Chat direkt miteinander kommunizieren zu können, müssen die Personen zur gleichen Zeit im selben

1 Wir haben mit Self-paced learning bisher als ergänzendes Format Erfahrungen gesammelt und stellen Möglichkeiten in Kapitel 5 vor.

2 Wobei gerade die Beratungsbranche die Vorzüge der Kommunikation im digitalen Raum, auch per Chat, schätzen gelernt hat. Vgl. hierzu beispielsweise Sauerbrey/Vollmar (2019), Digitale Beratung in der Sozialen Arbeit.

Chatraum anwesend sein. Obwohl Mimik, Gestik, Tonfall, Stimme und Emotionen hier zwar nicht authentisch vermittelt werden können, hat der Chat in unseren Augen eine wertvolle Bedeutung, insbesondere in Online-Meetings.

Die Nutzung eines Chats dient zum gegenseitigen Austausch, ist niederschwellig und kann unterstützend sein sowie als gezieltes Arbeitsmedium für spezifische Methoden genutzt werden.[3] Zu unterscheiden ist zwischen dem Einzelchat, bzw. dem „Vier-Augen"-Chat zweier Personen und dem Gruppenchat. Der „Vier-Augen"-Chat versteht sich als geschlossener Chat, der nicht öffentlich zugänglich ist und den beteiligten Personen einen geschützten Raum bietet. Der Gruppenchat ist allen Teilnehmer*innen im Online-Meeting zugänglich und kann von jeder Person des Seminares gelesen und gleichzeitig mit eigenen Nachrichten beschrieben werden. Damit kann er Unterstützung für alle im Raum anwesenden Personen bieten, auch für Menschen mit Beeinträchtigungen der Sprachfähigkeit.

Der Chat kann parallel zum Austausch im Plenum eingesetzt werden. Konkret bedeutet das: Die Teilnehmer*innen können neben der Kommunikation im digitalen Seminarraum die Chat-Funktion als zusätzliches Kommunikationswerkzeug nutzen. Für manche Teilnehmer*innen ist die Hemmschwelle niedriger, etwas im Chat zu schreiben, als sich verbal zu äußern, insbesondere in größeren Gruppen. Während Vorträgen stellt der Chat oft die einzige Möglichkeit dar, Fragen an den/die Referenten/Referentin zu stellen.

Um sicherzugehen, dass der Chat Beachtung findet bzw. die Nachrichten gelesen werden, braucht es eine verantwortliche Person, die den Chat im Blick hat – in der Praxis ist es im Idealfall so, dass immer jemand auf eingehende Nachrichten reagiert, insbesondere dann, wenn Unterstützung eingefordert wird.

Die Nutzung des Chats, ob Gruppenchat oder Einzelchat, ist nicht ohne Stolpersteine: Es könnte schnell eine Nachricht im Gruppenchat landen, die eigentlich für eine einzelne Person gedacht war, und umgekehrt, was zu Irritationen aller Beteiligten führen kann.

Wir beobachten in der Praxis unserer Online-Angebote, dass der Chat häufig für „Zwischengespräche" zweier Personen im Einzelchat genutzt wird, ähnlich einem informellen Austausch unter den Teilnehmer*innen im Analog-Seminar. Damit bietet der Chat potenziell eine Ablenkungsquelle unter den Teilnehmer*innen. Ein Austausch im Chat soll und darf aus unserer Sicht sein, denn die „Zwischengespräche" sind wichtig und sollen auch im Online-Setting nicht fehlen. Herausfordernd kann es als Trainer*in

3 Konkrete Praxisbeispiele zeigen wir in Kapitel 5 auf.

sein, zu beobachten, dass ein privater Chat zwischen zwei Teilnehmer*innen geführt wird. Das kann durchaus zu Unsicherheiten führen.

Im Anschluss eines Online-Seminares kann der Gruppenchat die Inhalte rückblickend nachvollziehbar machen. Denn der Chat-Verlauf wird am PC der Trainer*innen abgespeichert mitsamt des Namens des/der Verfasser*in sowie der Uhrzeit der gesendeten Nachricht – der Chat kann also ein unterstützendes Seminar-Protokoll sein und für ein anschließendes Handout genutzt werden.

Wenn Online-Seminare im Zweier-Team angeboten werden, bekommt der Chat eine besonders große Bedeutung. Anders als im Analog-Seminar, in dem sich Teams jederzeit kurz miteinander absprechen können, ist das im digitalen Raum eine Hürde. Die Trainer*innen können sich nicht aus dem Gruppengeschehen zurückziehen und den weiteren Verlauf oder Änderungen des Seminarplanes besprechen. Dafür ist der Chat ein ganz wesentliches Tool und darf für den Austausch unter den Trainer*innen genutzt werden. Wenn Pausen zur Absprache aber im digitalen Raum genutzt werden, ist zu beachten, dass die Teilnehmer*innen alles mithören und -sehen können. Daher empfiehlt sich ein Telefongespräch oder ein eigens angelegter weiterer digitaler Raum für den Austausch.

Besonderheiten des Chats für die Biografiearbeit
Der Chat kann als alleiniges Format stehen und beispielsweise für Impulse oder beratenden Austausch genutzt werden. In der Biografiearbeit wird der Chat vor allem gerne als zusätzliche Option der Kommunikation in Online-Meetings, z. B. in größeren Seminaren oder Workshops, genutzt und kann als Zwiegespräch dienen. Mit anderen per Chat in Kontakt zu treten ist niederschwellig, der/die Trainer*in kann individuell auf die Bedürfnisse der Teilnehmer*innen eingehen, und es ist eine vertrauliche Atmosphäre gewahrleistet.

Austausch per E-Mail

Electronic Mail, auf Deutsch: elektronische Post, ermöglicht den schnellen und unkomplizierten Versand von Texten und Materialien. Allen genannten Settings und Formaten ist der E-Mail-Austausch vorher und nachher gemeinsam.[4]

Wie dieser genutzt werden kann, ist jedoch höchst unterschiedlich. In

4 In Kapitel 5 geben wir konkrete Beispiele.

der Regel werden per E-Mail Anmelde- und Teilnahmebestätigungen sowie Rechnungen verschickt, auch die Zugangsdaten und Hinweise zum Ablauf können darin kommuniziert werden.

Daneben können und dürfen inhaltliche Methoden vorab und im Nachhinein per E-Mail versandt werden. Das können beispielsweise Arbeitsblätter zum Bearbeiten sein oder Links zu Video-Sequenzen. Auch auf digitale Pinnwände könnte vorab und/oder im Nachgang verwiesen werden. Außerdem werden die Handouts häufig per E-Mail zugestellt.

Besonderheiten des E-Mail-Austausches für die Biografiearbeit
Der E-Mail-Austausch ist ein in der *Biografiearbeit Online* notwendiges Mittel für die organisatorischen Rahmenbedingungen. Darüber hinaus ist diese Kommunikationsform ein wichtiger Kanal zur inhaltlichen Vor- und Nachbereitung.

2.2 Traditionelle Formate digital übersetzt

Seminar im digitalen Setting Online-Meeting

Das Online-Seminar ist ein traditionelles Format, das digital übersetzt wurde. Im Gegensatz zum sogenannten Webcast, in dem Inhalte nach dem „one-to-many“-Prinzip über das Internet übertragen werden und die Zuschauer*innen passiv bleiben, ist im Online-Seminar das interaktive Miteinander fester Bestandteil. Das Online-Seminar soll hauptsächlich der Lernvermittlung dienen und hat einen methodischen und didaktischen Aufbau. Der Fokus liegt dabei auf dem Transfer von theoretischem Wissen in die angewandte Praxis. Auch die Möglichkeit zum eigenverantwortlichen Lernen findet im Online-Seminar ihren Platz. Durch die bunte Mischung aus Theorie und Praxis und dem Angebot verschiedener Methoden hat ein Online-Seminar einige Elemente des Workshops.

Kennzeichnend für ein Online-Seminar ist demnach, dass die Teilnehmer*innen die Möglichkeit haben, sich aktiv einzubringen. Die Mitwirkung der Teilnehmer*innen kann über verschiedene Methoden stattfinden, wie beispielsweise Diskussionen im Plenum oder auch über Abfragen. Dies ist ein klarer Vorteil beim Einsatz dieses Formates in sozialen Arbeitsfeldern. In der Biografiearbeit wollen wir mit den Menschen in Austausch gehen und ihnen möglichst viele Begegnungen ermöglichen.

Inhaltlich können praktisch alle Themen wie im analogen Begegnungsraum übermittelt werden. Formelle Inhalte können Schulungen, Vorträge und Präsentationen sein. Online-Seminare können auch aufgezeichnet und anschließend ins Internet gestellt oder versendet werden. Allerdings finden Seminare in der Regel live in einem bestimmten Zeitfenster mit festgelegtem Start- und Endpunkt statt.

Workshop im digitalen Setting Online-Meeting

Ein Online-Workshop unterscheidet sich zum Online-Seminar hauptsächlich in der Dauer. Während ein Online-Seminar häufig als ein- oder mehrtägiges Angebot aufgebaut ist, ist der Online-Workshop ein deutlich kürzeres Format zwischen einer bis zu mehreren Stunden. In einem Workshop geht es darum, in Aktion zu kommen, selbst etwas Neues auszuprobieren und (neue) Methoden kennenzulernen. Die angebotenen Impulse regen idealerweise an, für sich (sowohl privat als auch im beruflichen Kontext) kreativ zu sein und eigene Ideen zu einem bestimmten Thema zu erarbeiten. Das Herzstück eines Online-Workshops ist also das praktische Tun. Die Wissensvermittlung spielt natürlich eine Rolle, steht jedoch weniger im Fokus als im Online-Seminar.

Lehrgang im digitalen Setting Online-Meeting

Ein Lehrgang (auch als Kurs, Fort- oder Weiterbildung bekannt) kann genauso im digitalen Raum stattfinden, wie ein Seminar und ein Workshop. In einem Lehrgang geht es darum, über mehrere Unterrichtseinheiten, auch Module genannt, eine Qualifikation bzw. ein Zertifikat zu erlangen. Dies hat in der Regel einen beruflichen Nutzen und bietet eine persönliche Weiterentwicklung. Ein Online-Lehrgang bezieht sich auf ein bestimmtes Thema, das nicht innerhalb kürzester Zeit erlern- und anwendbar ist. Vielmehr braucht es einen intensiven und längeren Prozess, um in mehreren Einheiten Erlerntes ein- und umzusetzen. Die Selbsterfahrung spielt dabei eine große Rolle – vor allem in Lehrgängen zur Biografiearbeit. Lehrgänge der Biografiearbeit schließen in der Regel mit einem Abschlussprojekt ab, um ein qualifiziertes Zertifikat für die Ausübung der Zusatzqualifikation zu erhalten.

Peergroups

Eine weitere bewährte und empfehlenswerte Methode, die ein mehrteiliges Seminar oder einen Lehrgang begleiten kann und unseres Erachtens sogar sollte, ist das zusätzliche Arbeiten in sogenannten Peergroups. Damit werden bei ca. einstündigen Online-Treffen in kleinen Gruppen die Inhalte aus dem Seminar vertieft, nachbesprochen, zusätzliche Lernaufgaben gemeinsam erledigt und Erlerntes reflektiert. Die Möglichkeit, sich in der Peergroup zu treffen, sollte von Anfang an kommuniziert und empfohlen werden. Peergroups können auch verpflichtend sein, z. B. bei Lehrgängen. Gerade bei längeren Pausen zwischen den Modulen tragen die Peergroups dazu bei, im Austausch zu bleiben. Es ist sinnvoll, die Treffen zu dokumentieren, da sie oft zu zusätzlichen Erkenntnissen führen.

Die Aufteilung in die Gruppen kann unterschiedlich erfolgen, z. B. mithilfe vorab versendeter Materialien, die pro Gruppe z. B. eine andere Farbe zuordnen oder nach dem Zufallsprinzip. Wenn es mehrere Treffen gibt, kann nach dem ersten Mal gefragt werden, ob die Aufteilung stimmig ist oder ob jemand die Kleingruppe wechseln möchte. Erfahrungsgemäß wird jedoch die erste Aufteilung gut angenommen.

Coaching

Das Coaching hat in der Biografiearbeit seinen Platz, inzwischen immer häufiger online. Menschen suchen sich Coaches oder Berater*innen oft nicht unbedingt nach der örtlichen Nähe zu ihrem Wohnort aus, sondern aufgrund von Sympathien und/oder passender Fachgebiete. Da ist es sehr praktisch, wenn ein Online-Coaching möglich ist.

Biografisches Coaching ist eine gute Unterstützung bei Lebensfragen aller Art, besonders bei allen Formen von Übergängen, Ab- und Umbrüchen. Im Gegensatz zum Telefon-Coaching, welches – besonders wenn sich Berater*in und Coachee nicht kennen – etwas schwierig sein kann, gelingt es beim Online-Coaching recht gut, durch die zumindest teilweise Sichtbarkeit beider Seiten Nähe und Vertrauen aufzubauen und auf dieser Basis zu coachen. Der Aspekt der Körpersprache ist hier eingeschränkt, jedoch zumindest die Mimik und die unterschiedlichen Nuancen der Sprache können hilfreiche Aspekte der Kommunikation im Coaching sein.[5] Beim biografischen Online-Coaching ist es gut möglich, dass der/die Coachee mehr erzählt, als in einem persönlichen Setting. Wichtig ist es, vor Beginn des Coachings in einem vereinbarten Telefonat die Anliegen zu klären und sich kurz kennenzulernen. Anschließend ist es sinnvoll, alle wichtigen Informationen wie z. B. die Datenschutzverordnung oder einen Erst-Fragebogen per E-Mail zu schicken und zu bitten, etwas zu trinken und Taschentücher bereitzuhalten. Wie in allen Aspekten der Biografiearbeit kann es natürlich im biografischen Coaching zu Situationen kommen, die beim Coachee Gefühlsausbrüche und Tränen hervorrufen. Hier ist es ratsam, diese Gefühle zu beschreiben, wie z. B. „Das berührt Sie jetzt" oder „Ich sehe, das macht Sie wütend". Auf dieser Basis kann dann gut weitergearbeitet werden. Zur Beruhigung eines Coachees eignet sich z. B. eine Klopfübung sehr gut. In

5 Mehr zur digitalen Kommunikation in Kapitel 4.

diesem Fall wird die Übung vorgezeigt und der/die Coachee macht sie nach. Auch auf eine ruhige Atmung kann immer wieder hingewiesen werden. Das eine oder andere vorbereitete Dokument kann zur Unterstützung am Bildschirm freigegeben werden. Die Arbeit mit einer zusätzlichen Kamera, um Arbeitsmaterial zu zeigen, ist denkbar. Verschiedene Coaching-Methoden, wie z. B. eine Timeline[6], können gut erklärt und vorgezeigt werden. Wenn der/die Berater*in vorab schon weiß, welches Thema bearbeitet wird, können Arbeitsblätter vorbereitet und verschickt werden. Wichtig ist es, von Anfang an viel Zeit zu geben, sodass sich ein Vertrauensverhältnis ausbilden kann.

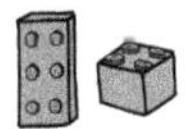

Ergänzendes Format: Telefon-Geh-Spräch
Ein beliebtes Format in der Biografiearbeit ist das sogenannte Telefon-Geh-Spräch, ein gemeinsamer Spaziergang mit anderen Teilnehmer*innen oder Trainer*innen, bei dem es Raum für Gespräche mit einem biografischen Impuls gibt. Bei einem Telefon-Geh-Spräch werden technische Hilfsmittel zum Medium für einen Austausch. Ein mobiles Telefon oder ein Tablet können Menschen von unterschiedlichen Standorten miteinander verbinden und sie auf einen gemeinsamen Spaziergang schicken – jede*r für sich und doch zusammen.

2.3 Die Auswahl des passenden Settings

Bei der Auswahl des passenden Settings für das jeweilige Angebot der Biografiearbeit lohnt es sich, das Ziel des Angebotes genauer zu beleuchten. In den vorherigen Ausführungen dieses Kapitels sind wir bereits auf die unterschiedlichen Settings detailliert eingegangen. Im Vorbereitungsprozess steht die Wahl des passenden Settings an erster Stelle. Folgende Fragen können bei einer Entscheidung für oder gegen ein Setting helfen:

- Was will ich mit meinen Inhalten anstoßen?
- Möchte ich Informationen vermitteln oder eher eine intime Austauschmöglichkeit schaffen?
- Ist mir der direkte Austausch wichtig oder steht die Wissensvermittlung im Mittelpunkt?
- Welche Dramaturgie möchte ich verfolgen?
- Was soll anfangs passieren?
- Wie geht es weiter?

---

6 Eine methodische Umsetzung einer Timeline ist in Kapitel 5 beschrieben.

- Was ist das Ziel der Teilnehmer*innen?
- Was ist mein Ziel?

Wenn die Entscheidung für ein passendes Setting getroffen wurde, ist eine didaktische Planung des Online-Meetings noch wichtiger als die Technik dessen selbst. Diese lässt sich anhand von acht W-Fragen[7] definieren, um Lernräume zu schaffen und diese zu gestalten.

Um zu beantworten „Wer lernt was, warum, wozu, wann, wo, wie und womit?“, können die folgenden acht W-Fragen eine Unterstützung bzw. eine Orientierungshilfe für die Planung sein.

1. WER? Teilnehmer*innen/Zielgruppe
2. WAS? Thema/Themenbereich(e)
3. WARUM? Leitsatz/Motiv/Haltung
4. WOZU? Ziel/Zielvorstellungen
5. WANN? Organisatorische Rahmenbedingungen/objektive Voraussetzungen
6. WO? Ort der Lernvermittlung/Voraussetzungen (Technik und Teilnehmer*innen)
7. WIE? Prinzipien-Orientierung/Seminarplan
8. WOMIT? Methoden/Impulse

Um einen individuell angepassten Seminarplan für ein Online-Meeting zu erstellen, empfiehlt es sich z. B., eine Vorlage[8] dafür zu nutzen. Während der intensiven Planungsphase kann dieser Seminarplan angepasst und dann als Leitfaden für das Online-Meeting ausgedruckt werden.

Biografiearbeit folgt einer konstruktivistischen Ermöglichungsdidaktik[9], d.h. die Planung soll zielorientiert sein und die Offenheit gegenüber der Situation und den Teilnehmer*innen beinhalten. Die Durchführung der Veranstaltung erfolgt dann teilnehmer*innenzentriert, d.h. es braucht eine offene Haltung gegenüber dem, was von den Teilnehmer*innen kommt, und die Flexibilität, darauf einzugehen und trotzdem den eigenen Seminarplan im Hinterkopf zu behalten und zu verfolgen. Das Leben jedes/jeder Einzelnen ist eine Konstruktion, die mit jener Konstruktion des/der Trainers/Trai-

7 Vgl. Hessisches Ministerium für Wirtschaft, Energie, Verkehr und Wohnen (2019), S. 28.

8 Ein Beispiel eines Blanko-Seminarplanes befindet sich im Anhang.

9 Arnold/Schüßler (2015), S. 76.

nerin nicht unbedingt konform gehen muss.[10] Was uns am Herzen liegt: die kreative Freiheit auf beiden Seiten ermöglichen!

2.4 Planungsphase und Konzeption

Bereits in der Planungsphase sind wichtige Rahmenbedingungen zu klären, die nachfolgend aufgezählt sind:

- *Arbeitsort der Trainer*innen:* Wo findet der Übertragungsort statt? Sind die technischen Voraussetzungen gegeben, z. B. keine Außengeräusche, gute Internetverbindung, Hintergrund ästhetisch ansprechend? Gibt es eine Ausweichmöglichkeit, falls Probleme auftreten, wie Stromausfall oder keine bzw. instabile Internetverbindung? Gibt es einen alternativen Ort, an dem ich mein Angebot abhalten kann?
- *Online-Tools:* Welche Software soll zum Einsatz kommen? Sind verschiedene Tools zum Umsetzen der geplanten Methoden, wie beispielsweise eine digitale Pinnwand, nötig? Falls ja, wie und wann kommt welches Tool weshalb zum Einsatz?
- *Technische Schwierigkeiten auf Seiten der Trainer*innen:* Wer kann notfalls einspringen und auf welche Weise? Habe ich einen Plan B, falls mein Arbeitsgerät nicht funktioniert? Wie kann ich mit meinen Teilnehmer*innen schnell in Kontakt[11] treten abseits der vorgesehenen Arbeitstools?
- *Moderation solo oder im Team:* Gibt es jemanden, der/die im Notfall ansprechbar ist? Wer übernimmt welche Aufgaben?

2.5 Raumgestaltung

Ein Strauß Blumen, ein buntes Tuch auf dem Boden, Obstschale und Getränke – im analogen Raum gibt es viele Möglichkeiten, eine angenehme, ansprechende Wohlfühl-Atmosphäre zu kreieren.

Um im digitalen Setting entsprechend einen geschützten Rahmen zu schaffen, braucht es eine ebenso detaillierte Vorbereitung. Der/die Trainer*in ist gefordert, den digitalen Raum neu zu denken und zu gestalten, damit er zum digitalen Begegnungsort für die Teilnehmer*innen werden kann.

---

10 Dies kommt besonders im biografischen Arbeiten zum Tragen und gilt natürlich auch für *Biografiearbeit Online.*

11 Die Telefonnummer oder andere Kontaktwege sollten vorab erfragt und bereitgelegt werden. Weitere Tipps für den Worst Case in Kapitel 5.

Wir unterscheiden in der Raumgestaltung zwei Seiten: Erstens die Gestaltung des Arbeitsplatzes und des Online-Raumes durch die Trainer*innen, zweitens die Gestaltung des Arbeitsplatzes der Teilnehmer*innen.

Perspektiven der Raumgestaltung aus Trainer*innen-Sicht

Zunächst geht es um den/die Trainer*in als Person selbst, nämlich um das äußere Erscheinungsbild. Im Vergleich zum analogen Raum können wir uns im digitalen Raum nicht komplett in 3-D sehen, und nicht mit allen anderen Sinnen wahrnehmen. Farben und Muster wirken daher umso intensiver, und die Wahl der Kleidung kann unsere Wertschätzung dem Anlass gegenüber unterstreichen. Online wirkt alles ein wenig anders, daher ist es empfehlenswert, einen Testlauf zu veranstalten und sich mit verschiedenen Farben, Kleidungsstilen und Frisuren vor dem Bildschirm selbst zu betrachten. Dann kann bewusst ein Stil entwickelt werden, der zu einem selbst und zum Anlass passt.

Neben angemessener Kleidung sind auch Lichtverhältnisse und der Hintergrund wichtig für die Teilnehmer*innen. Viele Software-Anbieter*innen stellen eine Auswahl an digitalen Video-Hintergründen zur Auswahl. Meist benötigen diese jedoch viel Power, ziehen also viel Gigabyte und verschlechtern damit die Internetqualität. Eine gute Alternative, die zudem persönlicher wirken kann, ist es, einen Aufsteller im Hintergrund anzubringen. Darauf kann beispielsweise das Logo des Veranstalters/der Veranstalterin abgedruckt sein oder ein ansprechendes, thematisch passendes Motiv. Das wertet das Erscheinungsbild deutlich auf und ermöglicht zudem eine persönlichere Atmosphäre.

Was im analogen Raum die Raummitte ist, ist im digitalen Raum der Bildschirm auf dem die Teilnehmer*innen beispielsweise im Online-Meeting live oder im Self-paced learning zeitversetzt blicken. Dieser braucht daher besondere Aufmerksamkeit und darf genauso vorbereitet werden wie der analoge Raum. Wenn der/die Trainer*in Blumen bei sich auf den Tisch stellt, wird das auch die Teilnehmer*innen erfreuen. Qualitativ hochwertig aufbereitete Präsentationsfolien schaffen einen angenehmen Rahmen, in dem sich die Teilnehmer*innen gut zurechtfinden können.

Arbeitsplatzwechsel der Trainer*innen

Im digitalen Setting fehlt oft der Weg zum Seminar, nachdem viele Trainer*innen von zuhause aus arbeiten, und aus diesem Grunde finden wir es wichtig, dass der Übergang als Trainer*in vom Privaten zur Arbeit und wieder zurück bewusst geschieht. Hilfreich könnte sein, vor dem Seminar eine Runde spazieren zu gehen, um sich bewusst auf das Seminar einzustimmen. Nach dem Seminar ist es hilfreich, kurz innezuhalten und nicht gleich vom „Arbeitsplatz" in den privaten Bereich zu wechseln. So kann verhindert werden, dass berufliche Themen „mitgenommen" werden, und umgekehrt können private Themen in der Familie belassen und nicht in das Seminar verstrickt werden.

Perspektiven der Raumgestaltung aus Teilnehmer*innen-Sicht

Der (Arbeits-)Platz der Teilnehmer*innen ist in der Regel das dienstliche Büro oder das eigene Zuhause. Hier ist es sinnvoll, auf einen störungsfreien Raum zu achten, in dem die Privatsphäre für alle Seiten (Teilnehmer*innen und Trainer*innen) gewahrt bleibt. Denn es ist wichtig, dass diejenigen, die erzählen und diejenigen, die zuhören wissen, dass das Gesagte genau für diese Gruppe gedacht ist und nicht für andere Menschen, die vielleicht zufällig mit im Raum sind. Das sollte als Vertrauensbasis in der Biografiearbeit selbstverständlich sein.

Der Vorteil von digitalen gegenüber analogen Angeboten ist die bereits vertraute Umgebung. Die Teilnehmer*innen müssen sich nicht erst in einer neuen Umgebung ein- und zurechtfinden und ihren Platz (physisch) in der Seminargruppe finden. Stressfaktoren, wie beispielsweise die Anreise zum Seminar, entfallen in der Regel.

Hinweise auf eine gut vorbereitete, gemütliche Atmosphäre am Arbeitsplatz dürfen gerne konkrete Tipps enthalten und zeigen das Interesse an der ganzen Person. Eine Erinnerung an das Bereitstellen von Getränken und Snacks für die Pausen zwischendurch, die Einladung, es sich bequem zu machen und auf eine entspannte Körperhaltung zu achten, sowie immer wieder Übungen einzubauen, die der Entspannung dienen, tragen wesentlich zu einer gelingenden Veranstaltung bei.

2.6 Entfaltung im digitalen Raum

Häufig berichten Nutzer*innen des digitalen Raumes von einer „Trennung" von Geist und Körper und damit einer Entfremdung des eigenen Körpers. Die Körperhaltung während der Mediennutzung ist daher ein wichtiger Gesichtspunkt, der in der *Biografiearbeit Online* betrachtet werden sollte.

Selbstansicht im Online-Meeting

Zu einem entspannten Umgang mit der eigenen Sprecher*innenrolle kann es sowohl für Trainer*innen als auch für Teilnehmer*innen eine Option sein, die Eigenansicht der Kamera auszuschalten (sofern möglich), sodass sie sich nicht ständig selbst im Blick haben. Im Analog-Seminar sieht man ja auch die anderen Menschen und nicht permanent sich selbst und kann sich so auf diese fokussieren. Es ist ein spannendes Experiment, die Eigenansicht einmal bewusst zu deaktivieren und dann mit den folgenden Fragen in sich hinein zu spüren: „Wie fühle ich mich als Teil der Gruppe im Online-Meeting, z. B. im Online-Seminar – auch im Kontrast zum Analog-Seminar?". Im Online-Setting neigen Trainer*innen und Teilnehmer*innen ggf. dazu, ständig zu prüfen, ob sie „aus dem Rahmen fallen", also etwas an ihrem Äußeren auffällig ist. Im analogen Setting besteht die gemeinsame Verbundenheit durch örtliche Vorgaben wie z. B. Temperaturen, Gerüche, Beleuchtung etc. Trainer*innen und Teilnehmer*innen haben vielmehr den Raum und ihr Gegenüber „mit allen Sinnen" im Blick und werden nicht die ganze Zeit „gespiegelt".

Daneben sind alternative Aspekte bei der Vorbereitung von digitalen Angeboten wichtig. Hilfreiche Fragen zur Reflexion können sein:

- Wie schaffe ich es, die Sinne der und damit die Teilnehmer*innen während eines mehrstündigen Online-Meetings wachzuhalten?
- Welche Methoden können gezielt für das Spürbarmachen des Körpers angeboten werden?[12]
- Woher bekommen Teilnehmer*innen und Nutzer*innen Impulse zur Entspannung?
- Welche Anreize schaffen eine Abwechslung in der Körperhaltung?

Manchmal gelingt es auch, eine Kombination aus biografischem Arbeiten und Entspannung anzubieten, wie z. B. bei der Kordel-Meditation[13].

Hilfreich ist es, den Arbeitsplatz, an dem man meist mehrere Stunden verbringt, den allgemeinen Empfehlungen[14] entsprechend einzurichten. Ein höhenverstellbarer Tisch mit einer ergonomischen Sitzgelegenheit kann wahre Wunder auf die Nackenmuskulatur wirken. Die Investition wird der Körper danken. Dennoch sind Pausen, wie auch im analogen Raum, un-

12 Da nicht alle Teilnehmer*innen diese Art von Körperwahrnehmungsübungen mögen, ist es wichtig, die Freiwilligkeit der Teilnahme zu betonen.

13 Eine Anleitung der Kordel-Meditation ist in Kapitel 5 zu lesen. Zudem befindet sich die Meditation im Anhang.

14 Allgemeine Empfehlungen zur Online-Arbeitsplatzgestaltung sind beispielsweise bei den Gesetzlichen Krankenkassen zu finden, wie bei der AOK https://www.aok.de/pk/magazin/wohlbefinden/gesund-im-job/mein-gesunder-arbeitsplatz-im-home-office/, Aufruf am 2. 12. 2021.

erlässlich, um eine positive (Lern-)Umgebung zu schaffen. Im digitalen Raum muss besonderer Wert auf zahlreiche Pausen gelegt werden. Die Augen ermüden schneller vom Blick auf den strahlend-hellen Bildschirm, und der Körper verharrt allzu häufig in der immer gleichen Position. Das führt auch im Gehirn schnell zu Ermüdungserscheinungen. Die Reduktion der Sinne auf Seh- und Hörsinn, ggf. noch den Tastsinn, verlangt unserem Körper einiges ab. Dementsprechend finden Methoden, die unsere Sinne gezielt fordern und den digitalen wie den analogen Raum miteinander verbinden, bei den Teilnehmer*innen häufig besonders großen Anklang.

Methodisch[15] können Anbieter*innen dafür sorgen, dass sich die Teilnehmer*innen zwischendurch immer wieder bewegen und damit die beiden Gehirnhälften miteinander in Verbindung gebracht werden.

2.7 Rahmenbedingungen (Netiquette, Datenschutz, technische Grundlagen)

Im analogen Raum arbeiten viele Trainer*innen der Biografiearbeit mit sogenannten Prinzipien der Biografiearbeit[16] oder auch Regeln des Miteinanders. Für den digitalen Raum ist es ebenso sinnvoll wie wichtig, einen Rahmen zu schaffen, in dem sich Trainer*innen wie Teilnehmer*innen wohlfühlen können.

Neben den Prinzipien der Biografiearbeit gibt es aus unseren Praxiserfahrungen folgende wichtige ergänzende Prinzipien speziell für Online-Meetings:

- Datenverbindung vor dem Beginn der Online-Veranstaltung testen
- Mikrofon nur bei Redezeit anschalten, um Rückkopplungen zu vermeiden
- Kamera anstellen, das schafft Verbindung
- Intimsphäre wahren, indem keine weiteren Personen im Raum sind[17]
- Pausen zum Essen, Trinken und Lüften nutzen
- Zuverlässigkeit in Bezug auf Pünktlichkeit und Absagen
- Einloggen mit vollständigem Namen
- PC oder Laptop (Smartphone und Tablet bieten nicht alle Funktionen)

15 Beispiele für sogenannte Energizer und Entspannungsübungen finden sich in Kapitel 5.

16 Wie in Kapitel 1 erläutert.

17 Das gilt sowohl auf Teilnehmer*innen- als auch auf Trainer*innenseite.

- Keine Screenshots, Aufnahmen und Handyfotoaufnahmen des Online-Meetings (es sei denn, es ist explizit abgesprochen)
- Mittagspause zum Spaziergang und Krafttanken nutzen

Es ist sicherlich sinnvoll, den Teilnehmer*innen vorab einige Hinweise zum Online-Setting zuzuschicken und damit genügend Raum für Rückfragen zu geben. Wie bereits erwähnt, kann ein Technik-Check vorab Sicherheit geben und problematischen Situationen vorbeugen.[18]

2.8 Barrierefreies Set-up

Zunächst geht es profund um den Zugang der ausgewählten Technik, Software und Tools – und dieser sollte für alle gegeben sein. Menschen mit einer körperlichen Beeinträchtigung werden keine großen Zugangsschwierigkeiten aufgrund ihrer Einschränkung haben. Prinzipiell gilt: Nicht jede Technik, Software und alle Tools eignen sich für jeden Menschen gleichermaßen, sondern sollten jeweils auf deren inklusiven Charakter überprüft und ggf. ergänzt werden. Daher ist es wichtig, die besonderen Bedürfnisse der Teilnehmer*innen vorab zu erfragen und diese bei der Planung sensibel zu berücksichtigen.

Menschen, die mit Reizen der Außenwelt nicht gut zurechtkommen, finden im Online-Setting häufig sogar den einzig für sie passenden Weg zur Teilnahme an Angeboten. Es ist leichter, sich aus dem Online-Angebot auszuklinken, als vor Ort, im analogen Raum. Geräusche und sonstige Reize können selbst kontrolliert werden, beispielsweise über den Lautstärkeregler. Menschen, die eine körperliche und/oder geistige Beeinträchtigung haben, kann im digitalen Raum eine Teilnahme an einem Online-Meeting genauso ermöglicht werden.

Ein Mensch, der nicht oder nur sehr wenig sehen kann, kann im – barrierefrei gestalteten – Internet, z. B. über die Nutzung von Screenreadern (Vorlese-Anwendung), gut zurechtkommen. Barrierefrei bedeutet konkret: Die Inhalte werden nicht nur schriftlich oder bildlich geteilt, sondern bieten auch die Funktion des Abhörens. Beispielsweise ist eine einfach gehaltene Sprache hilfreich, um akkurate Vorleseergebnisse hervorbringen zu können. Um die Barrierefreiheit zu überprüfen, gibt es einige Online-Testwerkzeuge. Wenn Menschen mit Sehbeeinträchtigung unter den Teilnehmer*innen sind, nimmt die Gestaltung des Angebotes durch Nutzung der Tonspur eine besondere Rolle ein. Gehörlosen Menschen können die Trainer*innen Ge-

18 Zu den Schwierigkeiten in der Online-Kommunikation geben wir einige Einblicke in Kapitel 4. Auf die Grenzen von *Biografiearbeit Online* gehen wir in Kapitel 6 ein.

bärdendolmetscher*innen im Online-Meeting an die Seite stellen, die sich dazuschalten können. Der Einsatz von Bildmaterialien und Werkzeugen wie z. B. der Chat unterstützt gehörlose Menschen im Online-Meeting, Menschen mit Sehbeeinträchtigungen ggf. jedoch nicht. Es ist wichtig, dies vorab zu klären.

Für Menschen aus sozial benachteiligten Bereichen kann es schwierig sein, passende Endgeräte (das Smartphone ist ungeeignet, da es nicht alle Funktionen für ein Online-Meeting bietet) und einen funktionierenden Internet-Zugang zu organisieren; für Menschen mit Lernschwierigkeiten kann die Bedienung der Technik, Software und Tools zur Barriere werden. Teilnehmer*innen, die in betreuten Wohneinrichtungen leben, müssen den W-Lan Zugang häufig über die Betreuer*innen erfragen.[19] Zudem ist es nicht immer möglich, ungestört an einem Online-Meeting teilzunehmen. Dann stellt sich die Frage: Wenn die Wohnverhältnisse diesen ungestörten Raum nicht bieten – von wo aus kann die Teilnahme stattfinden, gibt es z. B. einen Raum in einem Kulturzentrum?

Insgesamt sind also die jeweils zur Verfügung stehenden Mittel und Kompetenzen zu berücksichtigen. Erst, wenn die jeweiligen Bedürfnisse geklärt sind, können Lösungen gesucht werden.

Manche Menschen mit Beeinträchtigungen fühlen sich schnell überfordert mit den technischen Voraussetzungen und können diese, auch aufgrund ihrer kognitiven Kompetenzen, nicht umsetzen. Inklusion kann an dieser Stelle dann gelingen, wenn der/die Trainer*in bedarfs- und ressourcenorientierte Angebote niederschwellig bereitstellt. Für die Teilnehmer*innen ist es sinnvoll, eine zweite unterstützende Person im Hintergrund zu haben, die beispielsweise bei der technischen Umsetzung zur Seite steht. Um allen Menschen eine Teilhabe an einem Online-Meeting zu ermöglichen, ist es von Vorteil, wenn auch seitens der Anbieter*innen zwei Personen zur Verfügung stehen.

Einer bestehenden Unsicherheit kann tlw. mit einem „digitalen Führerschein“ entgegengewirkt werden. Viele Institutionen, wie beispielsweise Mehrgenerationenhäuser bieten Kurse an, in denen der grundlegende Umgang mit Hard- und Software vermittelt wird, z. B. die Bedienung eines Tablets. Allgemein bieten sich vor der Teilnahme an einem Online-Meeting technische Schulungen zu den konkreten Inhalten des Online-Meetings über die technischen Fragen hinaus an – also ein konkretes Ausprobieren und Erlernen rund um alle Tools, die zum kommenden Termin genutzt werden sollen. Das kann ein gezielter Übungstermin mit Anleitung/Einführung,

19 Die Nutzung von mobilen Daten ist für das Online-Meeting jedoch in der Regel nicht ausreichend, da häufig eine Drosselung der Geschwindigkeit im Vertragspaket enthalten ist.

Wiederholungen und nochmaliger Wiederholung (mehr Zeit einplanen) sein, um den Teilnehmer*innen ein schrittweises Erlernen von Technik und Tools zu ermöglichen und damit Vertrautheit und Sicherheit vor dem Online-Meeting zu schaffen. Dann können auch bestimmte Tools, wie z. B. eine digitale Pinnwand erprobt werden.

Der verlässliche Ablauf des Online-Meetings – ob Workshop oder Seminar – sowie die Bereitstellung einfacher Materialien und gewohnter Bedienwerkzeuge schaffen Sicherheit und ermöglichen Lebendigkeit.

Während des Online-Meetings ist u. a. der häufige Einsatz von heterogenen Kleingruppen mit dem Raum für Austausch geeignet, da sie ein gemeinschaftliches Miteinander fördern. Dabei sollte auf ein eventuell sehr unterschiedliches Arbeitstempo der Teilnehmer*innen geachtet werden.

3 Biografiearbeit berührt – auch online!

Biografiearbeit verbindet und berührt. Diese Erkenntnis nehmen wir aus unseren Angeboten – in analogen und in digitalen Settings – immer wieder mit.

Das verwundert nicht, denn vor allem bedeutet Biografiearbeit für uns Begegnung und Berührung. Die Teilnehmer*innen begegnen sich selbst und ihrer Lebensgeschichte sowie anderen Menschen mit ihren Lebensgeschichten. Biografiearbeit berührt die Herzen und das ist es, was *Biografiearbeit Online* so wertvoll macht.

Es gibt verschiedene Arten von Begegnung: Wir verabreden uns miteinander und nehmen uns gegenseitig mit unseren Sinnen wahr – hören, sehen, riechen, schmecken und fühlen. Wir telefonieren miteinander und sind darauf angewiesen, die Stimme und die Tonlage unseres Gegenübers einzuordnen und möglichst entsprechend der intendierten Botschaft zu interpretieren. Wir schreiben eine E-Mail oder SMS, ohne den Menschen am anderen Ende der Leitung zu hören oder zu sehen. Wir schicken einen Brief, gestaltet aus Zeilen in Wort und Schrift. Unabhängig davon, wie wir einander begegnen – wir sind immer „unterwegs" mit uns selbst und mit anderen. Dieser (gemeinsame) Weg, den die Biografiearbeit ermöglicht, ist digital ebenso möglich wie analog!

Unsere Erfahrungen aus der Praxis zeigen, dass das Potenzial digitaler Angebote für die Biografiearbeit sehr groß ist. Wir ergreifen eine große Chance als Ergänzung unserer analogen Arbeit, um Menschen einzuladen und mitzunehmen und auch, um in unserer Arbeit (teilweise) Altbekanntes in Neues zu verwandeln. Wir wollen nicht weg von analog und hin zu online – wir wollen das Beste von beidem ausschöpfen. Die (neuen) Möglichkeiten digitaler Biografiearbeit und die Gestaltungsmöglichkeiten digitaler Begegnungen, sodass auch online „Berührung" möglich ist, stehen in diesem Kapitel im Fokus.

Wir sehen Biografiearbeit im digitalen Raum dabei als eine andere, weitere Form der sozialen Gemeinschaft. Die gesellschaftliche Digitalisierung bietet uns eine zeitgemäße Umsetzung der Prinzipien der Biografiearbeit.[1]

Das Zusammensein schenkt uns eine Form der Begegnung und Berührung. Biografiearbeit berührt immer, stärkend und herausfordernd, analog wie digital. Dabei ist wichtig: Alles darf und nichts muss! Biografiearbeit ist

---

1 Die Prinzipien der Biografiearbeit stellen wir in Kapitel 1 und erweitert um die digitale Perspektive in Kapitel 2 vor.

stets freiwillig und versteht sich als ein Angebot verschiedenster Methoden, um der eigenen Lebensgeschichte zu begegnen. Diese Freiwilligkeit setzt voraus, jederzeit zu signalisieren: bis hierhin und nicht weiter. Die Grundlage der Biografiearbeit ist, jederzeit sagen zu dürfen: „Ich möchte das nicht" (beispielsweise einen, aus einer Übung heraus entstandenen, Text vorzulesen), und spiegelt damit unsere innere Haltung als Trainerinnen für Biografiearbeit wider: Akzeptanz und Freiwilligkeit.

Eine weitere große Chance, die die Biografiearbeit im digitalen Raum bietet, ist die Begegnung mit Menschen, die wir nur durch das Online-Setting haben. Denn online sind wir alle woanders und doch am gleichen Ort. So kann es durchaus vorkommen, dass Teilnehmer*innen aus Spanien mit Teilnehmer*innen aus Deutschland für ein zweistündiges Online-Meeting aufeinandertreffen. Durch die Angebote, die im digitalen Raum stattfinden können, erreicht *Biografiearbeit Online* – aus unseren Erfahrungen heraus – eine erweiterte Zielgruppe.

Natürlich haben wir im Online-Meeting kaum bis keine haptischen Berührungen mit anderen Teilnehmer*innen. Diese tatsächlichen Berührungen sind sowieso nicht immer erwünscht und hauptsächlich geht es uns in unserem Wirken und Tun als Trainer*innen in der Biografiearbeit um die Berührungen von Herz und Seele – analog wie online. Dennoch steht auch die Körpersprache – Mimik und Gestik – im Online-Meeting im Fokus – auf andere Weise. Denn die Körpersprache und Kommunikation im digitalen Raum könnte durch die Distanz (die der Bildschirm als Grenze zwischen die Anwesenden stellt) eingeschränkt sein. Die proaktive Beteiligung der Teilnehmer*innen nimmt eine andere Form der Gestaltung an, die jedoch keineswegs negativ gewertet wird. Die Interaktionen im Gruppenprozess sind online ebenso wichtig und möglich wie analog.

Nachfolgend stellen wir Trainer*innen und Anbieter*innen (neue) Möglichkeiten dar, wie und mit welchen Methoden der Biografiearbeit sich Menschen mit ihren individuellen Lebensgeschichten digital begegnen können.

3.1 Verbindung zu- und miteinander aufnehmen

Schon lange vor dem Start des Online-Meetings dürfen erste Verbindungen aufgenommen und erste Kontakte geknüpft werden. Insbesondere für eine gelingende, erste Begegnung – die wir im Online-Meeting physisch anders als im Analog-Seminar erleben – ist es wichtig, bereits vorab einen Kontakt, eine Verbindung zueinander herzustellen. Die Anmeldung zu Online-Formaten erfolgt in der Regel via E-Mail, hin und wieder über einen telefonischen Kontakt. Neben den technischen und datenschutzrechtlichen Hinweisen und dem Angebot eines Technik-Checks vor dem Online-Meeting hat sich für uns die Frage ergeben, wie wir die Teilnehmer*innen bereits vor Beginn „abholen“ und einstimmen können. Der Versand einer Vorfreude-Post ist eine gute Möglichkeit, die Teilnehmer*innen auf das bevorstehende Online-Meeting neugierig zu machen. Diese Vorfreude-Post beinhaltet Informationen rund um das Online-Meeting und ist mit verschiedenen Materialien bestückt. Diese Materialien kommen während des Online-Meetings zum Einsatz und ersetzen das Austeilen im Analog-Seminar. Was also in analogen Seminaren auf dem Platz der Teilnehmer*innen ausgelegt wird, wird vor dem Online-Meeting per Post versendet. Die Vorfreude-Post verwischt die Grenze zwischen analog und digital, macht Inhalte im wahrsten Sinne des Wortes „begreifbar“.

Die Vorfreude-Post

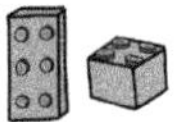

Eine Vorfreude-Post könnte mit folgenden Materialien bestückt sein:

- ein roter Faden
- eine Postkarte
- ein (selbstgemachtes) Tagebuch
- ein Päckchen Brause[2]
- ein gelber Stoffbeutel
- eine Karte mit einem Zitat
- bunte, kleine Knöpfe
- ein Teebeutel
- ein persönliches Anschreiben

Impulse zu den verschiedenen Materialien könnten sein:

- Die Biografiearbeit ist häufig mit Gegenständen verknüpft, die einen Tür- und Lippenöffner zu bestimmten Lebensthemen ermöglichen.[3] Der rote Faden[4] beispielsweise eröffnet den Teilnehmer*innen den Blick auf die verschiedenen Stationen ihres Lebens.
- Eine Postkarte oder Bildkarte kann einerseits als Bildimpuls genutzt werden, beispielsweise mit einer passenden Impulsfrage dazu. Andererseits kann sie für die Einteilung in Gruppen während des Online-Meetings hilfreich sein. Für größere Teilnehmer*innen-Gruppen werden z. B.

2 Beim Versenden von Lebensmitteln ist es sinnvoll, auf das Mindesthaltbarkeitsdatum sowie auf evtl. Allergien und Nahrungsformen zu achten. Dies kann beim Erstkontakt erfragt werden.

3 Methoden mit Gegenständen werden in Kapitel 5 ausführlich vorgestellt.

4 Methoden rund um den roten Faden sind in Kapitel 5 beschrieben.

drei verschiedene Karten ausgewählt und der Teilnehmer*innen-Anzahl entsprechend in die Vorfreude-Post verteilt. Alle Teilnehmer*innen, die die gleiche Karte bekommen haben, bilden eine gemeinsame Gruppe.

- Ein selbst gemachtes Tagebuch aus DIN A4 Pappkarton zur Hälfte in ein DIN A5 Format gefaltet, einem Einleger aus einem oder mehreren Blatt Papier, außen mit einem ansprechenden Bild beklebt, ist eine Variante, persönliche und wesentliche Inhalte der Veranstaltung festzuhalten und ggf. längerfristig weiterzuführen.
- Ein Päckchen Brause, die es in unterschiedlichen Farben gibt, und die somit auch zur Einteilung in Kleingruppen genutzt werden kann, gibt den Impuls, die Teilnehmer*innen für „prickelnde Gespräche“ in eine Gruppenarbeit zu schicken.
- Ein kleiner, gelber Stoffbeutel verbunden mit der Geschichte „Die gelbe Tüte“[5] von Anna Egger lädt dazu ein, innezuhalten und die eigenen Glücksmomente (und/oder Essenzen aus dem Online-Meeting) auf Zettelchen zu notieren und in die „gelbe Tüte“ zu stecken. Alternativ kann statt eines gelben Stoffbeutels eine helle Pausenbrot-Tüte oder eine Tüte aus Papier versendet werden. Diese kann von den Teilnehmer*innen selbst gestaltet werden.
- In der Vorfreude-Post finden sich Kärtchen mit einem Zitat oder einem ermutigenden Spruch. Sie laden die Teilnehmer*innen dazu ein, diesen im Plenum mit den anderen zu teilen und anschließend (als Erinnerung an das Online-Meeting) in der „gelben Tüte“ aufzubewahren. Diese Kärtchen dienen zudem als „Mitgebsel“ für die Teilnehmer*innen.[6]
- Eine ansprechende Methode ermöglicht der Einsatz bunter Knöpfe. Die Teilnehmer*innen werden aufgefordert, sich einen Knopf in einer Farbe

5 Vgl. Egger (2019), S. 94.

6 Im analogen Seminar würden die Trainer*innen das „Mitgebsel“ ihren Teilnehmer*innen am Ende des Tages in deren „gelbe Tüte“ geben.

ihrer Wahl auszusuchen. Zu jeder Farbe wird anschließend eine bestimmte Impulsfrage gestellt oder ein Satz vorgegeben, der zu Ende geführt wird.[7] Impulsfragen zu dieser Methode sind im Anhang zu finden.
- Ein Teebeutel soll die Teilnehmer*innen einstimmen, es sich an ihrem Online-Arbeitsplatz, z. B. mit einer Tasse Tee, gemütlich zu machen.
- Ein persönliches Anschreiben mit Informationen rund um das bevorstehende Online-Meeting rundet die Vorfreude-Post ab. In diesem Schreiben sind auch Materialien vermerkt, die bereitgelegt werden sollen, z. B. Stifte, Schere, Kleber – und alles, was je nach Bedarf für das Online-Meeting noch benötigt wird.

Unserer Erfahrung nach schätzen es die Teilnehmer*innen sehr, eine solche Vorfreude-Post zu erhalten. Sie macht neugierig und bietet während des Online-Meetings Abwechslung. Über das Anfassen der Gegenstände kann Biografiearbeit mit allen Sinnen wahrgenommen werden – auch online! Eine schöne Möglichkeit ist es auch, diese Vorfreude-Post zu Beginn des Seminares gemeinsam auszupacken, da dies zusätzlich verbindet.

Ein wichtiger Hinweis aus dem Praxisalltag: Es kann vorkommen, dass eine Vorfreude-Post nicht oder nicht rechtzeitig bei den Adressat*innen ankommt. Um unnötigen Stress vor oder während des Online-Meetings zu vermeiden und ressourcenschonend zu agieren, empfehlen wir, vorab alternative Möglichkeiten zur Verfügung zu stellen. So können z. B. verschieden farbige Stifte statt der bunten Knöpfe genutzt bzw. kann auf Alternativen zurückgegriffen werden, die die Teilnehmer*innen vor Ort zur Verfügung haben. Grundsätzlich sollten Teilnehmer*innen nichts für das Online-Meeting einkaufen müssen.

Eine Einladung per E-Mail

Ungefähr fünf Tage, bevor das Online-Meeting startet, wird eine Einladung per E-Mail an alle Teilnehmer*innen versendet.

Diese E-Mail enthält folgende Hinweise:

- Den Link, um in den digitalen Seminarraum zu gelangen
- Den Hinweis, ab wann der digitale Raum geöffnet wird
- Eine Materialienliste, mit Informationen, was für das Online-Meeting bereitgelegt werden sollte
- Einen Hinweis mit „Notfallnummern“ des Trainers bzw. der Trainerin, für eventuell auftretende technische Notfälle

7 Nach einer Methode von Sandra Dirks, https://sandra-dirks.de/die-mm-icebreaker-methode/. Das Beispiel befindet sich im Anhang.

- Im Anhang ggf. Dokumente, die für das Online-Meeting von den Teilnehmer*innen ausgedruckt werden sollen (Materialien zum Ausdrucken sollten unbedingt vorab an die Teilnehmer*innen versendet werden, da das Drucken während eines Online-Meetings zu technischen Hürden führen könnte)
- Hinweise zu den Prinzipien der digitalen Biografiearbeit sowie datenschutzrelevante Informationen

3.2 Der Einstieg: Begegnungen schaffen

In allen Seminaren, analog und digital, ist es für einen gelungenen Start zunächst von Bedeutung, eine vertraute Atmosphäre der Teilnehmer*innen untereinander zu schaffen. Die wichtigsten Fragen nach dem „Willkommen heißen“: Ist die Vorfreude-Post angekommen; sind alle sonstigen Arbeitsutensilien vorbereitet und sind alle Unterlagen ausgedruckt. Gezielte Warm-ups und Impulse eröffnen anschließend den gemeinsamen Raum. Wir Trainer*innen für Biografiearbeit sind im digitalen Raum durchaus stärker gefordert, die einzelnen Teilnehmer*innen als auch die Gesamtgruppe gut im Blick zu haben: Wie ist jede*r da?[8] Der Hinweis in die Runde zu Beginn, dass die Trainer*innen nach besten Möglichkeiten auf alle Anwesenden achten, ist wichtig. Genauso wichtig erscheint uns auch, den Teilnehmer*innen an dieser Stelle zu vermitteln, dass der Bildschirm, der uns voneinander trennt und uns gleichzeitig zusammenbringt, nicht zulässt, tatsächlich alles mitzubekommen. Die Biografiearbeit kann emotionale Reaktionen hervor-

8 Diese Frage eignet sich auch gut als Einstiegsfrage.

rufen, die nicht planbar sind, da es immer davon abhängig ist, was genau die einzelnen Teilnehmer*innen berührt, denn Erinnerungen werden durch biografische Impulse aktiviert. Diese Reaktionen können z. B. Tränen auslösen. Für Trainer*innen kann es eine besondere Herausforderung sein, dies über den Bildschirm wahrzunehmen. Das ist im Analog-Seminar natürlich deutlich direkter wahrnehmbar. Den Teilnehmer*innen wird an dieser Stelle ein hohes Maß an Eigenverantwortung und Selbstfürsorge[9] zugemutet. Damit ist gemeint, dass die betreffenden Teilnehmer*innen dem/der Trainer*in einen Hinweis geben und ggf. Unterstützungsmöglichkeiten in Anspruch nehmen können. Wenn jemand in einem Online-Meeting emotional berührt ist und dies nicht unbedingt nach außen in die Gruppe tragen möchte, gibt es die Möglichkeit, dem/der Trainer*in über den direkten Chat eine Nachricht zu senden. Die Trainer*innen können Unterstützungsmöglichkeiten bzw. ein Umsiedeln in einen extra digitalen Raum[10] anbieten. Hier können meditative Angebote gemacht und/oder das Gespräch miteinander angeboten werden. Für solche unplanmäßigen und besonderen Situationen ist es sehr vorteilhaft, wenn zwei Trainer*innen das Online-Meeting leiten. Ist der/die Trainer*in alleinige Leitung, ist es eine gute Möglichkeit, den anderen Teilnehmer*innen einen Arbeitsauftrag zu geben oder eine Pause einzuschieben. Außerdem haben wir die Erfahrung gemacht, dass andere Teilnehmer*innen tröstend zur Seite stehen oder von einer Person gezielt um Unterstützung gebeten werden, vor allem bei längerfristigen Angeboten. All das ist völlig in Ordnung und darf sein, denn Emotionen jeglicher Art gehören zur Biografiearbeit dazu.

Wenn Trainer*innen berührt sind

Und wenn Trainer*innen berührt sind? Der/die Trainer*in plant das Online-Meeting, weiß im Vorfeld genau, welche Themen referiert und methodisch umgesetzt werden. Wie emotional – in jegliche Richtung – man als Trainer*in dabei selbst reagiert, wenn z. B. durch Erzählungen der Teilnehmer*innen plötzlich eigene Erinnerungen und Erlebnisse präsent sind, ist ebenso nicht planbar. Emotionen dürfen auch auf Seiten der Trainer*innen sein und gezeigt werden. Im Fall der Fälle können Trainer*innen zunächst einfach das, was ist, benennen und sagen, dass sie emotional sehr berührt sind und z. B. einmal kurz an die frische Luft möchten bzw. dass eine Pause für alle stattfindet. In einem Online-Meeting hat man zusätzlich noch die

9 Nähere Ausführungen zur Selbstfürsorge sind in Kapitel 4 zu lesen.

10 Diese Räume haben je nach Anbieter*in unterschiedliche Bezeichnungen und können in einem Online-Setting erstellt werden, um die gesamte Teilnehmer*innen-Gruppe in Kleingruppen aufzuteilen.

Möglichkeit, sich Unterstützung im vertrauten Umfeld zu organisieren – was für beide Seiten gilt, also auch für die Teilnehmer*innen. Wenn man von Zuhause aus am Online-Meeting teilnimmt, und ein Familienmitglied vor Ort ist, könnte man sich dort Trost holen oder einen/eine Freund*in anrufen. Das Zulassen von eigenen Emotionen als Trainer*in macht das Vermitteln biografischer Möglichkeiten und Methoden authentisch.

Um in Kontakt zu kommen, ist es wichtig, mit den eintreffenden Teilnehmer*innen ins Gespräch (Smalltalk) zu kommen, sie zu begrüßen und willkommen zu heißen bis alle Teilnehmer*innen im digitalen Raum angekommen sind.

Digitale Angebote bieten die Flexibilität, jederzeit in den digitalen Raum zu kommen. Es ist nicht selten, dass Teilnehmer*innen sich ggf., z. B. aus beruflichen Gründen, verspäten. Außerdem kommt es häufiger vor, dass Teilnehmer*innen sich sehr spontan zu einem Online-Meeting anmelden. Um die Teilnehmer*innen gut in das laufende Online-Meeting mitzunehmen und gleichzeitig den Gruppenprozess nicht zu unterbrechen, empfehlen wir, vorzeitig alternative Ideen für diese Situationen bereitzuhalten. Wenn die Trainer*innen als Team arbeiten, ist es eine gute Idee, mit den dazukommenden Teilnehmer*innen in einen zusätzlichen digitalen Raum zu wechseln, um sie „auf Stand zu bringen". Arbeiten die Trainer*innen alleine, bietet es sich an, der Gruppe währenddessen einen Arbeitsauftrag (Kleingruppenarbeit, Einzelarbeit etc.) bereitzustellen. Letztlich sollten die Trainer*innen im Vorfeld immer gut für das jeweilige Online-Meeting einschätzen, ob und wie ein späteres/spontanes Dazukommen möglich ist.

Neben der Begrüßung und Vorstellung der Trainer*innen spielt der Ablauf der kommenden, gemeinsamen Zeit im digitalen Raum eine wichtige Rolle. Informationen rund um die Seminar- und Pausenzeiten, die inhaltlichen Themen und die Regeln[11] stellen den Beginn eines Online-Meetings dar. Dabei ist es immer möglich, dass anfangs technische Hürden[12] auftauchen. Sind alle an ihrem Platz angekommen, kann das inhaltliche Online-Programm starten. Bei mehrtägigen Online-Meetings (z. B. Seminare/Lehrgänge) empfehlen wir aus unserer Praxiserfahrung, sich zum Veranstaltungsbeginn nicht zu sehr mit den technischen Werkzeugen des digitalen Raumes zu beschäftigen, vor allem wenn zuvor ein Technik-Check stattfinden konnte. Häufig ist es so, dass viele Teilnehmer*innen ohnehin bereits vertraut damit sind. Durch das immer wiederkehrende Einsetzen der

11 Dies ist in Kapitel 2 ausführlich beschrieben.

12 Bewährte Methoden während technischer Hürden sind in Kapitel 5 aufgeführt, Informationen rund um Grenzen der Biografiearbeit in Kapitel 6.

Werkzeuge werden alle Anwesenden im Laufe der Zeit die Bedienung erlernen und sicherer werden. Wird ein Online-Meeting direkt damit gestartet, sämtliche Möglichkeiten auszuprobieren, kann das schnell zu Frustrationen einzelner Teilnehmer*innen führen, die sich langweilen. Bei vielen Unerfahrenen kann eine zusätzliche Person für den technischen Support während des Online-Meetings hinzugezogen werden.

Anfangs ist es sinnvoll, die Erwartungen und Wünsche bzw. auch die Befürchtungen der Teilnehmer*innen abzufragen. So kann individuell auf die besonderen Bedürfnisse der jeweiligen Gruppe eingegangen und das Programm ggf. noch angepasst bzw. ergänzt werden. Bei den Befürchtungen kann ganz allgemein abgefragt werden, was auf keinen Fall geschehen darf, aber auch spezielle Ängste und Befürchtungen bzgl. des digitalen Formates können erfragt und in Folge bearbeitet werden. Dieses Sammeln kann z. B. auf einer digitalen Pinnwand geschehen. Eine weitere, ergänzende Möglichkeit ist, diese Aufstellung am Ende der Seminarreihe bzw. des Lehrganges noch einmal hervorzuholen und zu schauen, ob alle Punkte erledigt sind. Für die Trainer*innen empfiehlt es sich, diese Aufstellung im Hinterkopf und – bei der Planung von längerfristigen Angeboten – parat zu haben.

In einem Seminar im analogen Setting ist es in der Regel üblich, eine „Mitte" im Raum herzurichten. Für das Online-Meeting kann dieser Mittelpunkt z. B. ein Foto der „Mitte" sein, die der/die Trainer*in am eigenen Arbeitsplatz[13] vorbereitet hat und über die Präsentation am PC für die Teilnehmer*innen sichtbar macht. Es gibt zudem Bearbeitungsprogramme, um einen speziellen Desktop-Hintergrund zu gestalten und diesen als „Mitte" zu nutzen. Dieser ist immer dann sichtbar, wenn die Trainer*innen ihren Bildschirm teilen bzw. freigeben.

Nun geht es zunächst hauptsächlich darum, Begegnungen unter den Teilnehmer*innen herzustellen und eine erste Vertrautheit zu schaffen. Die Teilnehmer*innen kennen sich in der Regel nicht. Um ein behutsames gegenseitiges Kennenlernen zu ermöglichen, bietet es sich zu Beginn an, die Teilnehmer*innen in Dreiergruppen zu schicken. Um erste Gemeinsamkeiten untereinander herauszufiltern und die eigenen Schätze zu benennen, kommt das „Dreieck der Gemeinsamkeiten" gerne zum Einsatz.

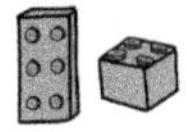

Das Dreieck der Gemeinsamkeiten

Je drei Personen bilden eine Kleingruppe und werden einem externen Gruppenraum zugewiesen. Die Teilnehmer*innen haben jeweils ein Blatt Papier vor sich liegen und zeichnen ein Dreieck auf. Alternativ kann es auch ge-

13 Impulse dazu sind in Kapitel 2 beschrieben.

meinsam auf dem digitalen Flipchart festgehalten oder nur von einem Gruppenmitglied mitgeschrieben werden.

An je einer Ecke steht der Name einer der Personen. Rund um den Namen werden Eigenschaften und Fähigkeiten notiert, die diese Person in dieser Runde einzigartig macht. Jeder Strich zwischen zwei Personen wird befüllt mit Dingen, Interessen und Fähigkeiten, die diese beiden Personen gemeinsam haben. Den Raum des Dreieckes, also die Mitte, beschriften die Teilnehmer*innen mit all den Dingen, die sie zu dritt gemeinsam haben. Diese drei Schritte laufen im Austausch miteinander ab. Dazu stellt immer eine Person im Wechsel eine Frage, z. B.: „Wer von euch geht auch gerne im Wald spazieren?“. Trifft dies auf keinen der anderen Gruppenmitglieder zu, ist es eine Einzigartigkeit der fragenden Person. Trifft die Frage auf ein anderes Gruppenmitglied zu, stellt das „Spazieren im Wald“ also eine Gemeinsamkeit zwischen den Beiden dar. Ist es eine Vorliebe aller Anwesenden, wird „Spazieren gehen im Wald“ in die Mitte des Dreieckes notiert, usw. Um im Anschluss die Dreiecke der Gemeinsamkeiten aller Teilnehmer*innen in das Plenum zu transportieren, werden die entstandenen Dreiecke über das Teilen des Bildschirmes für alle sichtbar zur Verfügung gestellt. Wenn die Dreiecke auf einem Blatt Papier festgehalten wurden, kann es abfotografiert und an den/die Trainer*in per E-Mail/Chat geschickt werden. Auf diesem Weg kann es in kurzer Zeit in die Präsentation eingefügt werden. Jede Gruppe darf gerne etwas zu ihrem gemeinsamen Dreieck erzählen, sodass sich nicht nur die drei Personen näher kennenlernen, sondern auch die Gesamtgruppe etwas über die einzelnen Teilnehmer*innen erfährt.

Austausch fördern in Kleingruppen

Der regelmäßige Austausch in Kleingruppen kann je nach Thema von unterschiedlicher Intensität und Dauer sein. Da der Austausch in externen digitalen Räumen in der Regel zeitlich durch die Trainer*innen begrenzt wird, kann es sein, dass Begegnungen bzw. Gespräche abgebrochen werden. Dies kann sich für die Teilnehmer*innen unvollendet anfühlen. Die Teilnehmer*innen haben die Möglichkeit, um eine zeitliche Verlängerung zu bitten und/oder zu einem späteren Zeitraum noch einmal in einen externen Raum zu gehen, um die Gespräche zu vollenden. Die Gruppeneinteilung kann nach dem Zufallsprinzip, durch den/die Trainer*in vorgegeben und selbstbestimmt erfolgen.

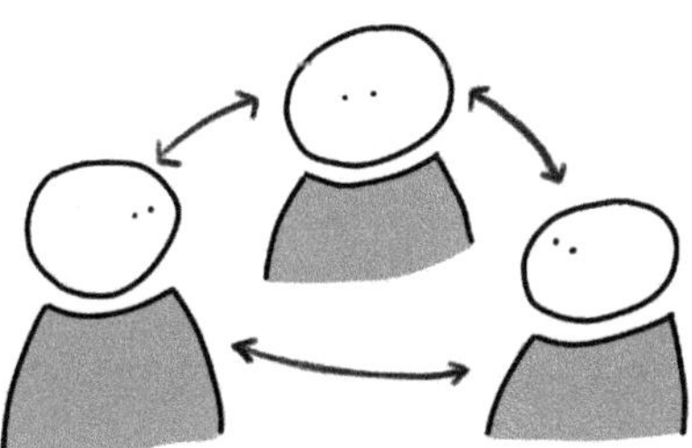

Wunschpartner*in für Gespräch gesucht

In diesem Fall haben die Teilnehmer*innen freie Hand, mit wem sie über ein vorgegebenes Thema sprechen wollen. Am besten sie schließen sich über den Chat zusammen und geben dann der/dem Trainer*in bekannt, mit wem wer in einen Extraraum will.

Eine weitere Möglichkeit ist, dass sich je eine Person im Plenum meldet und eine andere sagt, dass sie genau mit dieser Person sprechen möchte. So können sie gut zugeordnet werden. Aber auch abseits vom gemeinsamen Arbeiten ist es möglich, dass sich die Teilnehmer*innen z. B. in Pausen zwanglos unterhalten, indem sie Ton und Kamera eingeschaltet lassen oder sich auch einen Extraraum für ein privates Gespräch wünschen. Dies funktioniert auch zwischen Teilnehmer*innen und Trainer*innen, indem der/die Trainer*in z. B. nach Pausen einige Minuten früher im Raum ist und für informelle Gespräche zur Verfügung steht.

Empfehlenswert ist es, für genau diese Gespräche Zeit einzuberechnen und die Möglichkeit zum Austausch zu bieten. Wenn Teilnehmer*innen im Analog-Seminar in den Raum kommen, schauen sie sich zuerst einmal in Ruhe um. Dies sollte auch im digitalen Setting bedacht werden und ermöglicht somit Zeit zum „Ankommen“ und Zeit, um miteinander ins Gespräch zu kommen.

Am Ende des Online-Meetings ist es ein schönes Angebot, den Raum noch eine Zeit lang „offen“ zu lassen, sodass die Teilnehmer*innen sich evtl. noch kurz austauschen können.

Erzählen & Zuhören

Solche Erzähl- und Austauschrunden nach Gruppeneinheiten sind besonders wichtig für das Erspüren und Aufbauen einer gemeinsamen Vertrautheit. Mitunter können diese Plenums-Runden sehr lange dauern, jedoch auch kurzweilig und effektiv gestaltet werden. Beide Varianten sind wertvoll und haben ihre Berechtigung: Eine ausgedehnte Runde erfordert Konzentration, um einander aufmerksam zuzuhören sowie selbst von sich zu erzählen. Durch diese beiden Komponenten entstehen zwischenmenschliche Berührungspunkte und Verbindungen, Sympathie oder Antipathie. Mittels der eigenen Erzählungen teilt sich der Mensch selbst bzw. etwas von sich mit. Damit tritt er in Kontakt zu anderen Menschen und so entsteht wiederum Gemeinschaft. Zuhören erfordert Aufmerksamkeit gegenüber den erzählenden Personen, das Einlassen auf die Lebensgeschichten der anderen Teilnehmer*innen und eine wertschätzende Haltung[14].

Der/die Trainer*in ist aktive/r Gestalter*in dieser sozialen Prozesse, leitet das Erzählen und Zuhören mit aktivierenden Impulsen ein und begleitet behutsam.

Durch den Bildschirm, der uns, wie bereits erwähnt, neben des Zusammenbringens auch voneinander trennt und eine gewisse Distanz schafft, sind die Austauschrunden effektiv nutzbar zum einander Kennenlernen. Die Lebensgeschichten der anderen Teilnehmer*innen können[15] unser eigenes „Kopfkino“ aktivieren und sind wesentlicher Bestandteil in der Biografiearbeit. Über die Erinnerungspflege der eigenen Lebensthemen wird eine biografische Kompetenz entwickelt. Diese eignen die Teilnehmer*innen sich zunächst selbst an, und darüber hinaus findet die Vermittlung durch die zur Verfügung gestellten Impulse der Trainer*innen statt. Die Teilnehmer*innen

14 Über das Erzählen und Zuhören in der Biografiearbeit wird in Kapitel 4 ausführlich geschrieben.

15 Wie eine biografische Kompetenz durch den Einsatz der Biografiearbeit entwickelt wird, ist in Kapitel 1 erläutert.

werden aktiv zu Gestalter*innen der eigenen Biografie, sowie zu Mitgestalter*innen der Biografien der anderen Menschen. Dies geschieht durch das Teilen von Lebensgeschichten und Lebensschicksalen. Durch diesen Vorgang entwickelt sich bestenfalls ein Zusammengehörigkeitsgefühl. Für ein angenehmes und vertrautes Miteinander und die Basis einer konstruktiven Zusammenarbeit ist die Zugehörigkeit innerhalb der Gruppe wichtig.

3.3 Kennenlernphase im Online-Meeting

Ein Online-Meeting ist eine neu zusammengesetzte Gruppe, die neue Beziehungen schaffen kann. Ganz gleich dem Analog-Seminar. Aus unserer Erfahrung heraus dauert es in Online-Meetings ggf. ein wenig länger, bis die Gruppe sich zusammengefunden hat. Daher sollte die Anfangsphase des digitalen Zusammentreffens und des gemeinsamen Arbeitens behutsam und mit Zeit angegangen werden. Jede*r soll die Möglichkeit haben, etwas von sich in den Raum zu geben, um dadurch ein Gruppengefüge entstehen zu lassen. Durch das gegenseitige nähere Kennenlernen werden die Teilnehmer*innen langsam miteinander vertraut.

Persönliche Materialien der Teilnehmer*innen für kreative Methoden können im Online-Meeting unterstützend und kreativ verwendet werden. Da die Teilnahme an Online-Meetings in der Regel im vertrauten Umfeld (Büro, Zuhause etc.) stattfindet, existieren gute Voraussetzungen, etwas Persönliches aus dem eigenen Umfeld heraus in den digitalen Raum zu transportieren. Damit wird ein persönlicher, bedeutsamer Lebensschatz mit den anderen Teilnehmer*innen geteilt. Eine gute Gelegenheit also, die Teilnehmer*innen zu bitten, sich nach einem für sie wichtigen, vertrauten Gegenstand umzusehen.

„Gegenstandsgeschichten“

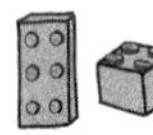

Die Teilnehmer*innen werden gebeten, einen persönlichen Gegenstand aus ihrem vertrauten Umfeld auszusuchen und zu ihrem Online-Arbeitsplatz mitzubringen. Wie spezifisch dieser Gegenstand sein soll, kann der/die Trainer*in vorgeben. Es könnte z. B. die Frage nach einem Gegenstand sein, der die Teilnehmer*innen mit ihrem Arbeitsfeld verbindet (hier erfahren alle anderen konkrete Details zum jeweiligen beruflichen Wirkungskreis) oder ein Gegenstand, den die Teilnehmer*innen immer bei sich tragen (hier erfahren alle anderen Details, was der erzählenden Person wichtig ist), oder auch ein Gegenstand, der dem eigenen Wesen entspricht.

Reihum wird nun von den Teilnehmer*innen die Geschichte zu ihrem persönlichen Gegenstand erzählt. Dabei erfahren die Zuhörer*innen etwas

über die Erzähler*innen und gleichzeitig etwas über sich selbst. Es könnte sein, dass eigene Erinnerungen auftauchen und/oder andere Perspektiven auf ein bestimmtes (Lebens-)Thema erweckt werden. Man erfährt also durch das Erzählen und durch das Einbringen der Anderen in den digitalen Raum etwas (Neues) über sich selbst.

Was könnte eine Besonderheit der Berührung im Online-Meeting gegenüber des Analog-Seminares sein?

Wir verweisen an dieser Stelle mit Klingenberger und Ramsauer auf Antonovsky und sein Modell der „Salutogenese"[16] (Gesundheitsentwicklung bzw. Gesunderhaltung): Soziale Netzwerke und Ressourcen tragen zur Gesunderhaltung der Menschen bei. Der Vergleich des Modelles der Salutogenese und den Prinzipien der Biografiearbeit lohnt, denn wir stellen deutliche Ähnlichkeiten in den Ansätzen fest, die wir gerne kurz ausführen. Antonovsky benennt fünf Bedingungen für die persönliche Gesunderhaltung:

- *Körperliche Widerstandskräfte:* ein gesundes Immunsystem
- *Psychische Ressourcen:* insbesondere die persönliche Stärke des Ichs
- *Materielle Ressourcen:* Arbeits-, Geld- und Wohnsituation
- *Psychosoziale Ressourcen:* unterstützende Netzwerke und Beziehungen
- *Kohärenzsinn:* fähig sein, den eigenen Lebenssinn wahrzunehmen und klar zu sehen

Den Kohärenzsinn können Menschen durch aktive Erinnerungspflege und Lebensbetrachtung erlangen, bzw. trainieren. Dies geschieht durch verschiedene Phasen des Erinnerns, die Hubert Klingenberger[17] in elf Thesen anregend darstellt – Erinnern heißt …

- Vergangenes vergegenwärtigen
- Vergangenes neu entdecken

16 Klingenberger/Ramsauer (2017), S. 68 ff.

17 Vgl. Klingenberger (2003), S. 59 ff.

- Ressourcen entdecken
- Schmerzhafte Erinnerungen beklagen
- nicht Erfülltes betrauern
- Abschied nehmen
- die Zukunft planen
- eine Wechselwirkung von Herz (Gefühl) und Kopf (Verstand)
- Stärkung der Identität
- eine Zusammengehörigkeit mit anderen Menschen
- die eigenen Lebensgeschenke an andere weitergeben

Der Transfer dieser Erkenntnisse in die *Biografiearbeit Online* ist u. a das eigene Teilhaben an Netzwerken, wie einem Online-Meeting. Damit geht einher, die eigene Gesundheitsfürsorge aktiv zu gestalten. Die digitale Welt bietet den Raum und die Möglichkeit, diese Fürsorge von zuhause aus und im vertrauten Umfeld zu betreiben. Der Mensch ist dann also für sich und trotzdem aktive/r Gestalter*in im Netzwerk mit anderen Menschen.

3.4 Es läuft: Verbindungen zu- und miteinander gestalten

Trainer*innen kommen im Laufe eines Seminares (online wie analog) idealerweise an den Punkt, an dem sie feststellen: „Es läuft!". Die Teilnehmer*innen sind im Seminar angekommen und haben ihren Platz in der Gruppe gefunden. Ebenso hat sich der/die Trainer*in in ihrer/seiner Rolle eingefunden, kann (bestenfalls) die Energien der Gruppe wahrnehmen und für sich einsortieren sowie das weitere Online-Meeting darauf abstimmen. Es ist dennoch auch im Online-Meeting sinnvoll, einen Plan B[18] zu haben, um auf Unvorhergesehenes im Gruppengeschehen eingehen zu können.

Nach einem behutsamen und intensiven Einstieg haben die Teilnehmer*innen durch das Aufzeigen von Gemeinsamkeiten bereits erste Erfahrungen damit gemacht, sich einander mit den eigenen Lebensschätzen zu beschenken. Es gibt noch so viel mehr von diesen Bildern und Facetten in uns, und das Teilen sowie die Biografiearbeit als solche ist ein Prozess, der niemals endet. Schwebt man erstmal in den „Wolken der Erinnerungen", kommt man vom einen zum nächsten. Immer wieder erinnern wir uns an weitere Schätze unseres Lebens. Ein wesentlicher Bestandteil der Biografiearbeit ist das Bewahren von Erinnerungen. Das funktioniert beispielsweise durch das biografische Schreiben. Kreative Schreibimpulse ermöglichen den Teilnehmer*innen, ihre Erinnerungen für sich festzuhalten und im Einzel-

18 Hinweise zum Plan B sind in Kapitel 4 beschrieben.

setting eine, die in der Biografiearbeit so wichtige, Phase der Selbstreflexion. Biografisches Schreiben ist sozusagen die schriftliche Auseinandersetzung mit der eigenen Lebensgeschichte. Hier sind im Schreiben Aspekte zu entdecken und zu erkennen, warum man die Person geworden ist, die man ist.

Meine Lebensrollen unter meinem Hut

Um die Verbindungen der Teilnehmer*innen zu- und miteinander zu gestalten hält die Biografiearbeit viele weitere kreative Impulse bereit, die Lust darauf machen sollen, auszuprobieren, kennenzulernen und zu erleben. Die Methoden werden dabei immer wieder dem Online-Meeting angepasst und thematisch befüllt.

Die Teilnehmer*innen haben sicherlich eine ganze Menge an Lebensrollen, die sie unter einen bzw. „unter ihren Hut bringen" müssen. In der Mittelphase eines Online-Meetings haben die Teilnehmer*innen in der Regel ihren Platz im Gruppengeschehen gefunden und eingenommen. Wie sieht das mit deren Lebensplätzen außerhalb des Online-Meetings aus? Wo sind sie wie aktiv und welche Rollen haben sie inne? Um etwas tiefer in die individuellen Lebensgeschichten der Gesamtgruppe einzusteigen, eignen sich die Hutgeschichten.

Einnahme der Meta-Perspektive

Themenübergreifend können sogenannte „Hut-Runden" hilfreich für die Einnahme von Meta-Perspektiven sein. Sie stellen einen Transfer in die eigene Praxis und/oder das eigene Leben der Teilnehmer*innen her. Der Hut wird dann z. B. mit dem Blick auf die Übertragung der jeweiligen Methoden in die (berufliche) Praxis aufgesetzt. Es bietet sich an, zu betrachten, ob den einzelnen Teilnehmer*innen die Methode liegt, wie man sie einsetzen und/oder abwandeln könnte, und auch, was es an Besonderheiten zu beachten gilt.

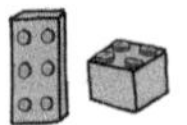

Hutgeschichten

Die Teilnehmer*innen werden gebeten, einen Hut oder eine Kopfbedeckung aufzusetzen.

Impulsfragen hierzu können sein:

- Was bringe ich aktuell alles unter einen Hut?
- Welche Lebensthemen sind mir gerade wichtig?
- Welche biografische Geschichte erzählt mein Hut?

Die Teilnehmer*innen erzählen aus ihrem gegenwärtigen Leben. Die Impulsfragen dienen dabei als Leitfaden. Hierdurch erfährt die Gruppe, welche Lebensthemen aktuell präsent sind und welche wesentliche Bedeutung diese haben. Die letzte Impulsfrage lenkt den Blick auf die Bedeutsamkeit der Kopfbedeckung als Gegenstand – denn Gegenstände tragen alle eine Geschichte mit sich[19].

Diese Methode lädt außerdem dazu ein, ein gemeinsames Erinnerungsfoto via Screenshot zu erstellen und anschließend im Handout zu veröffentlichen[20].

3.5 Pausen gut integrieren

Die Beschäftigung mit Lebensgeschichten ist aktivierend und intensiv. Regelmäßige Pausen sind daher sehr wichtig, insbesondere im Online-Meeting.

Die Pausen können im Online-Meeting mit einem attraktiven Pausenbild und einer ruhigen Musik über das Teilen des Bildschirms und des Tons eingeläutet werden. Je nach Dauer des gesamten Online-Meetings lassen sich die Pausen kreativ gestalten. Wichtig ist jedoch zunächst: Alle Teilnehmer*innen haben genug Zeit zur Verfügung, tatsächlich eine Pause zu halten. Ein Richtwert für ein Online-Seminar über sechs Stunden sind mindestens ein- bis eineinhalb Stunden effektive Pausenzeit. In dieser Pause sollte die Zeit genutzt werden, etwas zu essen, zu trinken und bestenfalls eine Runde an der frischen Luft spazieren zu gehen. Kreative Pausenimpulse sollten immer so angeboten werden, dass sie eine Freiwilligkeit ausdrücken und die Teilnehmer*innen nicht den Eindruck verspüren, ihre Pause für einen Arbeitsauftrag nutzen zu müssen. Es sollte also nie ein Nachteil für die Teilnehmer*innen sein, wenn sie einen angebotenen Impuls nicht ausprobiert haben. Eine längere Pause kann dazu einladen, Themen die nach den vorangegangenen Arbeitsphasen nachwirken, als ein Mind-Map zu notieren. Dies ist hilfreich, um für sich zu sortieren und zu sammeln, was ggf. noch offen ist oder wo man noch näher hinschauen möchte. Möchten

19 Weitere Methoden zum Einsatz von Gegenständen im Online-Meeting sind in Kapitel 5 beschrieben.

20 Bitte hierbei ein aktives Einverständnis (z. B. „Daumen hoch“) einholen und die vereinbarten Datenschutzbestimmungen bedenken.

die Teilnehmer*innen ihre Pause gerne in Gesellschaft verbringen, gibt es die Möglichkeit, eines Telefonats, z. B. ein Telefon-Geh-Spräch[21]. Alternativ kann der/die Trainer*in einen weiteren, digitalen Gruppenraum dafür zur Verfügung stellen, in dem gemeinsam die Pause verbracht werden kann. Im Analog-Seminar werden die Pausen, kurz wie lang, in der Regel mit den anderen Teilnehmer*innen verbracht und dienen dem lockeren Austausch und dem gemeinsamen Essen. Diese Art von zwanglosem Smalltalk sollte im Online-Meeting angeboten werden, um bei Bedarf in Anbindung zu den anderen Teilnehmer*innen zu sein und zu bleiben. Im digitalen Raum gibt es dafür viele Möglichkeiten, die sich lohnen, sie einmal auszuprobieren. Für all diejenigen, die gerne die Option nutzen möchten, kurz vor Ende der Pause einen Kaffee oder einen Tee im digitalen Café mit den anderen Teilnehmer*innen zu trinken, stehen während der Pause digitale Gruppenräume zur Verfügung. Diese Gruppenräume können thematisch und biografisch benannt sein, z. B. „Café der Kindheit“ oder „Café der Zukunft“, und sind für alle frei zugänglich.

Nach der Pause erstmal einen Energizer

Nach den Pausen sollen alle Teilnehmer*innen wieder gut in den digitalen Raum zurückkehren können. Um dem gefürchteten „Mittagstief“ entgegenzuwirken, empfehlen sich nach den Pausen kurze erheiternde Energizer.[22]

Im Online-Meeting sollte eine gute Mischung aus Plenum-Runden, Kleingruppen-Einheiten und Einzelarbeitsphasen angeboten werden. In Kleingruppen haben die Teilnehmer*innen von zuvor durchgeführten Gesprächsrunden im Plenum über eine Pause für sich einen Rahmen, um sich wieder einzufinden und in einer Gruppenarbeit am Thema weiterzuarbeiten. Die Kleingruppen lassen sich gezielt oder per Zufall festlegen[23].

---

21 Das Telefon-Geh-Spräch wird in Kapitel 2 erläutert.

22 Eine Auswahl verschiedener und aktivierender Impulse wird in den Praxisbeispielen in Kapitel 5 vorgestellt.

23 Zwei kreative Methoden zur Einteilung in Gruppen sind in der Vorfreude-Post beschreiben.

Für den Einstieg nach einer Pause in Kleingruppen können die Teilnehmer*innen sich gegenseitig mit zu sich, an ihren aktuellen Aufenthaltsort nehmen. Als Impulsfrage eignet sich z. B.: „Was sehen Sie, wenn Sie aus Ihrem Fenster schauen?". Diese Impulsfrage lässt den Lebensplatz der Menschen zu einem Bild werden und lädt zum gegenseitigen Erzählen und Zuhören ein. Auch der Raum, der hinter den Teilnehmer*innen über die Kamera zu sehen ist, lädt zum Nachfragen ein und durch die Beschreibung des persönlichen Umfeldes tauchen die Teilnehmer*innen mit den anderen Gruppenmitgliedern in ihr Leben ein. Ein klarer Vorteil, den nur ein Online-Meeting bieten kann!

Die digitale Bücherecke

Die Bücherecke, die in Analog-Seminaren zum Stöbern in den Pausen einlädt, kann im Online-Meeting durch ein Foto eines „Büchertisches" mit ausgewählter Literatur, passend zum Seminarthema, ersetzt werden. Neben diesem gemeinsamen Anschauen via Dokumentenkamera empfiehlt es sich, die digitale Bücherecke ganz klassisch in den Pausen über die Bildschirmpräsentation zum „Stöbern" zu zeigen. Ergänzt wird der „Büchertisch" durch eine Literaturliste im Handout.

3.6 Gemeinsamer Ausklang des Online-Meetings

Nach mehreren Stunden gemeinsam im digitalen Raum ist es für alle wichtig, einen guten Abschluss zu finden. Hierfür eignen sich viele Wege.

Einen Abschluss finden: Zurück in die analoge Welt

Unabhängig vom Setting, eines ist sicher: das Ende. Sowohl für kurze Angebote wie Workshops als auch für Tagesseminare, mehrtägige Seminarreihen oder auch für komplette Lehrgänge, die ggf. über mehrere Monate in Blöcken stattfinden – für alle gilt: Irgendwann steht ein Abschied an.

Abschiede und Übergänge behutsam zu gestalten, spielt immer eine wichtige Rolle im Leben, nicht nur in Online-Meetings. Und gerade in bzw. nach Online-Meetings sehen wir eine besondere Aufgabe für Trainer*innen darin, einen gelungenen Übergang aus der digitalen Welt zurück in die analoge Welt herzustellen.

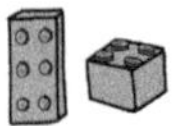

Ein Blumenstrauß aus Methoden

Zunächst richten wir den Blick resümierend auf die Themen des Online-Meetings. Die gemeinsame Zeit und die dabei aufgekommenen Themen sollten aus unserer Sicht am Ende (noch einmal) besonders wertgeschätzt und betrachtet werden. Jede*r nimmt ganz persönliche Schätze für sich mit. Wenn diese Schätze erneut im Plenum in Erinnerung gerufen werden, werden die Ergebnisse gesichert und für alle noch einmal konkret wahrnehmbar. Für diese Sammlung lädt z. B. das Bild eines Blumenstraußes auf der Präsentationsfolie ein, die gesammelten Schätze schriftlich darauf zu notieren. Alle Anwesenden werden überrascht sein, was und wie viel die vergangene gemeinsame Zeit an Methoden, Impulsen und Möglichkeiten gebracht hat. Die Teilnehmer*innen gehen mit einem bunten Methoden-Blumenstrauß aus dem Online-Meeting und können sich für sich persönlich und/oder ihre Arbeit etwas davon pflücken.

Reflexion des Online-Meetings

Reflexion ist enorm wichtig, analog wie digital. Aus unseren Erfahrungen heraus sehen wir Reflexionsrunden im Online-Meeting fast noch essenzieller als im Analog-Seminar. Durch den Bildschirm, der uns neben der verbindenden Funktion auch räumlich voneinander trennt, sind alle Anwesenden, sowohl der/die Trainer*in als auch die Teilnehmer*innen, auf ein konstruktives Feedback angewiesen. Wenn diese Phase fehlt oder zu kurz kommt, kann das auf beiden Seiten eine große Unzufriedenheit auslösen. Wir empfehlen zum Online-Meeting passende und abgestimmte Reflexionsmethoden[24] und das Einplanen eines großen Zeitpuffers. So ist gewährleistet, dass alle Teilnehmer*innen an die Reihe kommen und kein zeitlicher Druck entsteht.

Sollte, aus welchen Gründen auch immer, tatsächlich zum Abschluss des Online-Meetings keine oder nicht ausreichend Zeit für eine Reflexion sein, kann eine Rückmeldung der Teilnehmer*innen via E-Mail angefordert werden und erfolgen.

Der Kontakt per E-Mail ist nicht nur vor und nach dem Online-Meeting ein wichtiges Kommunikationsmittel, sondern auch währenddessen (sollte es zwischendurch beispielsweise zeitliche Veränderungen geben) und im Anschluss an das gemeinsame Arbeiten. Die E-Mail ist der Kanal für (weiteren) Kontakt und Fragen, die ggf. aufkommen. Um allen Teilnehmer*innen untereinander den gegenseitigen Kontakt zu ermöglichen, lohnt sich am Ende aus datenschutzrechtlichen Gründen immer die Frage, ob der E-Mail-Verteiler für alle Teilnehmer*innen freigegeben werden soll.[25] Außerdem dient der Verteiler dem Versand der Seminarunterlagen und eines Handouts zur Nachlese.

Auf Wiedersehen!

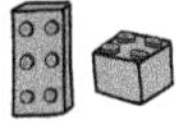

Zum Abschied können mit den Händen geformte Gesten, wie beispielsweise ein geformtes Herz, das alle jeweils in die Kamera zeigen, ein ansprechendes, wohliges Bild erzeugen. Alternativ und ein wenig distanzierter in der Wirkung könnten Post-it-Zettel mit Symbolen bemalt werden, die anschließend in der Kamera geteilt werden.

24 Spezielle Reflexionsmethoden sind in Kapitel 5 aufgeführt.

25 Weitere Informationen zur digitalen Pinnwand sind in Kapitel 5 beschrieben.

3.7 Informell geht's auch im digitalen Raum

Während im analogen Setting informelle Begegnungen, z. B. am Abend nach dem Seminar oder Workshop wie selbstverständlich für viele Teilnehmer*innen und Trainer*innen dazu gehören, ist das im digitalen Raum für viele zunächst unvorstellbar. Dabei gibt es im digitalen Raum ebenfalls Möglichkeiten informeller Begegnungen.

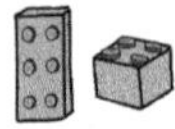

Digitale Abendbar

Um einen guten (Tages-)Abschluss zu finden oder diesen gemeinsam und gemütlich ausklingen zu lassen, schafft die digitale Abendbar eine angenehme Atmosphäre dafür. Besonders geeignet ist das Angebot während Online-Meetings, die über einen längeren Zeitraum stattfinden, z. B. ein mehrteiliges Online-Seminar oder ein Online-Lehrgang. Der gemeinsame Austausch findet hier gezielt nicht im Arbeitskontext statt, sondern hat eine „privatere" Ebene. Das „miteinander Ausgehen" funktioniert in der digitalen Welt ebenso gut und hat den Vorteil, dass man direkt zuhause bleiben kann. Der gemütlichen Abendrunde kann der Impuls vorangehen, ein biografisches Getränk und/oder einen biografischen Snack mitzubringen und etwas dazu zu erzählen. Das gemeinsame Verweilen in der digitalen Abendbar ist locker gestaltet und soll Raum für Gespräche außerhalb des Lern-Settings bieten. Für den Besuch einer digitalen Abendbar bietet es sich an, einen anderen Ort als den Schreibtisch bzw. den Arbeitsplatz des Online-Meetings zu nutzen. Damit ergibt sich die Möglichkeit, vom Arbeitskontext abzuschalten und in den inoffiziellen Teil überzugehen. Aus unseren Erfahrungen heraus ist das abendliche (natürlich ist es auch zu anderen Zeiten möglich) Zusammenkommen ein von den Teilnehmer*innen geschätztes Angebot. Auch nach Ende der Angebote können solche informellen Treffen weitergeführt werden.

3.8 In Kontakt bleiben

Unserer Erfahrung nach haben Teilnehmer*innen häufig den Wunsch, nach Abschluss der Online-Meetings weiterhin in Kontakt zu bleiben. Sei es für Zwiegespräche oder den Gruppenaustausch: Es gibt zahlreiche Möglichkeiten, sich zu verbinden und über den professionell angeleiteten Begegnungszeitraum hinaus auszutauschen. Nachfolgend finden sich verschiedene Vorschläge, die sich bewährt haben.

Teamwork in Peergroups

Peergroups[26] in Online-Meetings zu etablieren und die Teamarbeit damit in den Fokus zu rücken, ist besonders dann unterstützend, wenn Gruppen über einen längeren Zeitraum zusammenarbeiten und wirken. Es gibt die Möglichkeiten, die Peergroups mit Materialien aus der Vorfreude-Post zufällig zusammenzusetzen oder es den Teilnehmer*innen selbst zu überlassen. Die Peergroups sollten in der zu Beginn festgelegten Konstellation zusammenbleiben und nicht rotieren, da sonst das aufgebaute Miteinander in ein Durcheinander geraten kann. Essenziell für die Arbeit mit Peergroups ist die kontinuierliche Kontaktpflege, um den roten Faden nicht zu verlieren. Sie stellen eine Verbindlichkeit sich selbst und den anderen Mitgliedern der Peergroup gegenüber dar. Peergroups sollen sich zum einen intensiv über Themeninhalte des Online-Meetings austauschen und reflektieren. Zum anderen dienen sie dazu, gemeinsam themenspezifisch tiefer einzusteigen und verschiedene Perspektiven zu beleuchten. Der/die Trainer*in kann den Peergroups spezielle Impulse und/oder Arbeitsaufträge zur Verfügung stellen. Die Planung und Durchführung der Peergroup-Treffen sollen von den Peergroups selbst eigenverantwortlich abgestimmt werden.

Bei Online-Meetings über einen längeren Zeitraum beobachten wir in unserer Rolle als Trainerinnen für Biografiearbeit, welche positive Wirkung die

26 Weitere Informationen zur Arbeit mit bzw. in Peergroups sind in Kapitel 2 zu lesen.

Peergroups auf unsere Teilnehmer*innen haben. Unsere Erfahrungen zeigen, dass Peergroups dicht zusammenwachsen können und auch über den Abschluss des Online-Meetings hinaus der Kontakt gehalten wird. Häufig erklingt in unseren Online-Meetings der Wunsch nach einem persönlichen Treffen, und dazu können wir aus unserer Sicht nur ermutigen! Ein gemeinsames Treffen abseits der digitalen Begegnungen kann das Zugehörigkeitsgefühl noch weiter verstärken, die gemeinsamen Verbindungen aufrechterhalten und vertiefen.

Nachlese zum Online-Meeting

Das Handout, das den Teilnehmer*innen seitens der Trainer*innen am Ende des Online-Meetings bzw. im Nachhinein zur Verfügung gestellt wird, ist eine Zusammenschrift aller Themen, Methoden und Impulse der Veranstaltung. Hier finden sich die gestalteten Präsentationsfolien, Screenshots von Arbeitsergebnissen, Fotos – also alle Materialien und Arbeitsergebnisse des Online-Meetings wieder. Das Handout bildet die Grundlage, um noch einmal nachzulesen, anzuknüpfen und weiterzuarbeiten. Bei mehrteiligen Online-Meetings, z. B. bei einem Online-Lehrgang, ist es möglich, die Teilnehmer*innen zu bitten, durch Mitschriften, die untereinander aufgeteilt werden, eine Online-Meeting-Zeitung (Seminarzeitung) zu erstellen. Auf diese Weise werden die individuellen Lernetappen besonders deutlich.

Grüße versenden

Gegen Ende des Online-Meetings schickt der/die Trainer*in die Teilnehmer*innen per Zufallsprinzip in Zweiergruppen. Der Auftrag: Die E-Mail-Adressen werden ausgetauscht und es wird ein konkreter Zeitpunkt festgelegt. Bis zu diesem Zeitpunkt schickt man der anderen Person einen lieben Gruß per E-Mail (oder E-Mail-Anhang). Das kann ein schön gestaltetes Gedicht sein, ein schönes Foto, usw.

Eine weitere Idee ist es, dass die Teilnehmer*innen ihre Adressen austauschen und sich einen Gruß per Post zusenden!

Diese Methode eignet sich besonders gut für kurzweilige Online-Workshops und wird immer mit großer Freude seitens der Teilnehmer*innen angenommen.

Digitale Auszeiten

Nach einem Online-Meeting – und immer wieder zwischendurch – empfehlen wir immer das kurzzeitige Austreten aus der digitalen Gemeinschaft, um der „Online-Müdigkeit" entgegenzuwirken. Es tut gut, Abstand zu gewinnen, indem man für einen bestimmten Zeitraum bewusst aus der digitalen Welt (E-Mail, Messenger, Social Media etc.) austritt. Der bewusste „digital detox" (deutsch: digitale Entgiftung), das heißt, sämtliche digitalen Geräte zu einer festgelegten Zeit oder zu einem festgelegten Tag auszuschalten und sich anderen Dingen zu widmen: Bewegung in der Natur, kraftspendende und stressfreie Aktivitäten und natürlich die (Weiter-)Beschäftigung mit der Biografiearbeit.

Biografiearbeit verbindet, und häufig erleben wir als Trainerinnen für Biografiearbeit, dass es über die Online-Meetings hinaus verstärkt den Wunsch seitens der Teilnehmer*innen gibt, den Kontakt aufrechtzuerhalten. Sei es zu regelmäßigen Austauschtreffen oder gar gemeinsamen Projekten, die entstehen können. Wenn das Feuer für die Biografiearbeit erst einmal entfacht ist, wollen die Menschen „dranbleiben", anknüpfen, weitermachen und Neues lernen. Wie das funktionieren kann und welche Zukunftsvisionen[27] wir für die Biografiearbeit sehen, ist in Kapitel 7 zu lesen.

27 z. B. Blended Learning.

4 Besonderheiten der Online-Kommunikation

„Wir können über das Leben nichts wissen,
es sei denn, wir erzählen Geschichten."
Hannah Arendt

Online zu kommunizieren bedeutet, sich der Besonderheiten von Kommunikation im digitalen Raum gewahr zu werden.

Zum einen sind die technischen Grundlagen als Voraussetzung für eine gelingende Kommunikation zu klären. Zum anderen ist es die Art, wie auf die Teilnehmer*innen eingegangen wird, da es einen Unterschied für die Kommunikation miteinander macht, ob die Verbindung im digitalen Raum oder als Face-to-Face-Kommunikation erfolgt. Diese feinen Unterschiede beleuchten wir in diesem Kapitel. Wichtig ist im Sinne der Teilhabe die Betrachtung der sogenannten Leichten Sprache. Für uns und unsere Arbeit wichtige klassische Kommunikationskonzepte, wie die zwei Aspekte der Kommunikation, die Axiome, das Vier-Ohren-Modell, die Transaktionsanalyse sowie die Personenzentrierte Gesprächsführung, beleuchten wir mit Blick auf ihre Tauglichkeit für den digitalen Raum. Anschließend legen wir den Fokus auf die Selbstfürsorge und den Umgang mit Gefühlen. Des Weiteren betrachten wir Kommunikationsknoten und wie wir diese lösen können. Ergänzend bieten wir abschließend geeignete Methoden rund um die Kommunikation.

4.1 Technische Grundlagen

Technische Grundlagen für eine gelingende Kommunikation im Netz sind ein Laptop oder ein Stand-PC, eine Kamera (auch eingebaut) und ein Mikrofon. Je nach Qualität der Kamera und des Mikrofons kann es für den/die Anbieter*in für ein exzellentes Bild und einen störungsfreien Ton sinnvoll sein, ein Mikrofon und eine Kamera zusätzlich zu installieren bzw. anzuwenden. Hier bewährt sich auf jeden Fall ein Headset.

Der Zugang mit einem Smartphone ist für die Teilnehmer*innen nur im äußersten Notfall zu empfehlen, da durch das kleine Format viel Qualität und damit auch Nähe und Verbundenheit verloren geht. Zudem sind viele

Funktionen über ein Smartphone nicht effektiv nutzbar. Dies gilt ebenso für die Nutzung eines Tablets.

Eine sinnvolle Möglichkeit, das Smartphone einzusetzen ist z. B. der Fall, dass es nicht möglich ist, den Ton zu aktivieren. D.h. in diesem Fall kann der/die Teilnehmer*in via Laptop oder PC am Bild teilhaben und per Smartphone am Ton.

Wie bereits in Kapitel 2 ausgeführt, ist es für die online Kommunikation wichtig, die Kamera möglichst einzuschalten. Manche Teilnehmer*innen scheuen sich davor, doch gerade in diesem Bereich ist es das gute Recht der Trainer*innen, dies zu erbitten, denn nur so können diese ein Gefühl für die Menschen bekommen, was besonders bei der Biografiearbeit sehr wichtig ist. Ist die Kamera abgeschaltet, sprechen die Trainer*innen in einen schwarzen Bildschirm und können nicht erkennen, ob sie überhaupt wahrgenommen werden. Es ist für den/die Anbieter*in äußerst schwierig, mit einem anonymen Gegenüber eine Verbindung und eine positive Gruppendynamik herzustellen. Es führt in den meisten Fällen zu einer großen Verunsicherung und in Konsequenz zu häufigen Rückversicherungen, die im unangenehmsten Fall nicht beantwortet werden. Die Fragen in den Raum „Seid ihr alle dabei?" und „Versteht ihr mich?" führen nicht immer zu gewünschten Reaktionen und verstärken den Störfaktor.[1] Es hat sich eine Übung bewährt, bei welcher alle ihre Kamera ausschalten, um selbst zu erfahren, wie das Gefühl ist, vor lauter schwarzen „Kacheln" oder statischen Profilbildern zu sitzen und nicht zu wissen, wer mit einem spricht. Die Teilnehmer*innen werden unserer Erfahrung nach anschließend eher gewillt sein, sich zu zeigen. Ob die Kamera dann angestellt wird oder nicht, entscheiden nach wie vor die Teilnehmer*innen selbst, ggf. kann ein Zwiegespräch geführt werden und Abhilfe schaffen. In Ausnahmefällen, wenn z. B. die Internetverbindung instabil ist, kann es sinnvoll sein, die Kamera bewusst auszuschalten. Dann ist es gut, die anderen über den Grund der ausgeschalteten Kamera zu informieren, z. B. per Chat. Da Freiwilligkeit eine der Prinzipien darstellt, ist es wichtig, für sich selbst einen passenden Weg im Umgang mit solchen Situationen zu finden.

Falls der PC oder Laptop des/der Trainer*in abstürzt oder ausfällt, ist es gut, wenn mindestens eine weitere Person die Bedienrechte hat und die Veranstaltung weiterlaufen kann. Des Weiteren empfehlen wir, ein zweites Gerät mit der gespeicherten Präsentation bereitzuhalten.

1 Auf dieses Phänomen gehen wir in Kapitel 2 ein.

4.2 Die Kommunikation zwischen Trainer*innen und Teilnehmer*innen

Im besten Fall sprechen Trainer*innen direkt in die Kamera, sodass sich die Teilnehmer*innen wirklich gesehen und angesprochen fühlen. Dies bedeutet jedoch automatisch, dass sie keinen Blick auf die Menschen haben können, während sie einen Impuls setzen oder etwas referieren. Wenn mehrere Teilnehmer*innen im Online-Meeting anwesend sind, werden nicht alle am Bildschirm sichtbar sein können, was die zwischenmenschliche Verbindung natürlich erschwert. Hier kann ein zweiter Bildschirm Abhilfe schaffen – so sind parallel z. B. zur Präsentation alle Teilnehmer*innen für die Trainer*innen zu sehen. Insbesondere für *Biografiearbeit Online* ist es wichtig, alle Teilnehmer*innen im Blick zu haben. Durch das Online-Format geht ein großer Teil der Körpersprache verloren, d. h. im Normalfall haben Trainer*innen wie Teilnehmer*innen nur den Kopf der Anderen im Bild, der Rest des Körpers ist wenig bis gar nicht sichtbar. Dies erschwert eine Interpretation des Befindens des Gegenübers. Umso wichtiger ist es, sich die Gesichter genau anzusehen, um eventuelle Irritationen oder Unsicherheiten zu erkennen und entsprechend reagieren zu können.

Wenn die Präsentation auf dem Bildschirm geteilt wird, sieht man nur noch einen Bruchteil der Gesichter. Wenn jemand etwas sagen, fragen oder ergänzen möchte, darf er oder sie einfach reden – dies sollte vorher für alle klargemacht werden. Wenn alle auf dem Bildschirm zu sehen sind, kann die Hand real gehoben werden oder digital mithilfe der Programm-Werkzeuge. Beide Varianten erfordern die ungeteilte Aufmerksamkeit der Trainer*innen.

Es bewährt sich, immer wieder alle Teilnehmer*innen auf den Bildschirm zu holen und die Präsentation regelmäßig zu unterbrechen, da dies die Aufmerksamkeit auf allen Seiten erhöht.

Der Blickkontakt gestaltet sich, wie schon erwähnt, online etwas schwieriger, manchmal hilft es, im Stehen zu arbeiten, um eine Abwechslung und evtl. einhergehende Lockerheit in die Haltung zu bringen und die Teilnehmer*innen in der Aufmerksamkeit zu halten.

Wenn mit weiteren digitalen Räumen, d. h. mit Kleingruppen, gearbeitet wird, ist es sehr wichtig, entweder während der Zeit des Austausches in jeder kleinen Gruppe „vorbeizuschauen“[2] oder zumindest nach der eingestellten Zeit und der Rückkehr in den Hauptraum alle Teilnehmer*innen nach ihrem Befinden zu befragen. Manchmal tauchen in der Kleingruppenarbeit

2 Allerdings ist das „Vorbeischauen“ in digitalen Gruppenräumen für die Trainer*innen ein eher unangenehmes Gefühl von „einfach reinplatzen“, da in der Regel der Zutritt in einen digitalen Gruppenraum lautlos verläuft und die Teilnehmer*innen sehr plötzlich überrascht werden.

Themen auf, die vielleicht unangenehm sind oder an frühere Erlebnisse erinnern, die evtl. bewusst oder unbewusst verdrängt wurden. Deshalb ist es notwendig, sich intensiv um das Befinden der Menschen zu kümmern und trotzdem das Recht auf Schweigen zu wahren. Die feinfühlige Balance zwischen dem Aushalten der Stille und dem unterstützenden Impulsgeben ist eine große Aufgabe für die/den Trainer*in.

Wenn sich ein Thema zeigt, das dringend besprochen werden möchte und soll, ist es ideal, wenn der/die Trainer*in Unterstützung nach dem Online-Meeting anbietet bzw., falls zwei Trainer*innen zusammenarbeiten, kann eine*r sich der Person, die besondere Zuwendung braucht, widmen, und die/der andere Leiter*in kann mit dem Programm oder einer Alternative zur Überbrückung der Zeit fortfahren.

Feedbackmöglichkeiten

Bei der *Biografiearbeit Online* ergibt sich immer wieder die Gelegenheit, Feedback zu erbitten, sei es für eine Präsentation, sei es für eine Übung. Folgende Regeln sind hierbei wichtig:

- Der/die Feedbackgeber*in soll beobachten anstatt zu bewerten und diese Beobachtung einfühlsam in klare und konkrete Worte fassen.
- Für den/die Feedbacknehmer*in ist es wichtig, vor dem Feedback gefragt zu werden, ob es erwünscht ist. Er/sie soll nachfragen, wenn etwas unklar ist, und später für sich entscheiden, was annehmbar ist und was nicht. Wichtig ist es auch, auf keinen Fall in die Rechtfertigung zu verfallen, sondern das Feedback anzunehmen und sich dafür zu bedanken.

Schriftliche Kommunikationswege

Neben der Live Kommunikation gibt es schriftliche Möglichkeiten der Kommunikation miteinander. Hierzu zählen, wie bereits dargestellt, der Chat, die E-Mail oder der Messenger. So können sowohl die Teilnehmer*innen als auch die Trainer*innen untereinander oder die Trainer*innen mit den verschiedenen Teilnehmer*innen kommunizieren. Falls es zu verwirrend oder zu kompliziert ist, bewährt sich ein kurzes Telefonat, um bestimmte Punkte zu klären. Alternativ besteht die Möglichkeit, dass zwei oder auch mehrere Personen in einen extra Raum gehen und etwas klären.

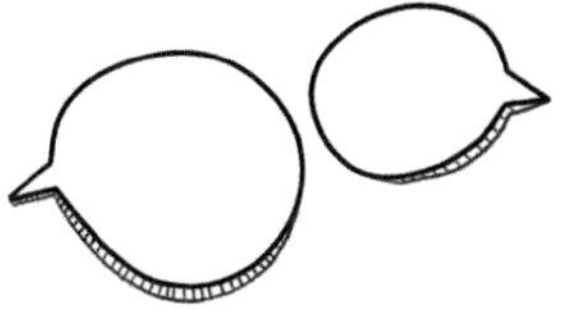

Wie schon in Kapitel 1 erwähnt, ist es uns wichtig, *Biografiearbeit Online* für wirklich alle Interessierten anzubieten und zu ermöglichen. Hier kommen wir zu einem weiteren uns wichtigen Punkt, der „Leichten Sprache".

4.3 Leichte Sprache

Das Anwenden der Regeln der sogenannten Leichten Sprache[3] ermöglicht eine barrierefreie Kommunikation zwischen den Trainer*innen und deren Teilnehmer*innen und ist ein Sprachkonzept, das Menschen mit Beeinträchtigungen (z. B. Menschen mit einer geistigen Beeinträchtigung; Lernschwierigkeiten; Sprachstörungen; Demenz; geringen Deutschkenntnissen) zur gesellschaftlichen Teilhabe verhelfen soll. Die deutsche Sprache soll maximal vereinfacht werden. Hier geht es um das langsame Sprechen in kurzen Sätzen, was konkret bedeutet: das ausschließliche Anwenden von Hauptsätzen, einem reduzierten Wortschatz und Wiederholungen. Einfache Wörter, kurze Sätze und das Einsetzen von erklärenden Bildern (z. B. entsprechende Bildkarten[4]) sind wesentliche Aspekte der Leichten Sprache. Behutsame, langsame und unkomplizierte Erklärungen sind wichtig. Auf diese Weise erhalten die Menschen einen vereinfachten Zugang, um etwas hören, verstehen und/oder lesen zu können. Damit können Trainer*innen dazu beitragen, das übergreifende Ziel – alle Menschen können das Internet und dessen Möglichkeiten nutzen – zu erreichen. Dementsprechend sollte eine ggf. erstellte Präsentation so einfach wie möglich gestaltet sein (wenig Text, viele Bilder). Im Internet finden sich viele anregende Materialien zum Einsatz von Leichter Sprache. An dieser Stelle sei beispielhaft der Podcast „Podklusion"[5] der Hochschule Fulda genannt, der als Gesundheits-Podcast von Studierenden für Menschen mit Beeinträchtigungen produziert wird und in Leichter Sprache konzipiert ist. Ein Podcast ermöglicht u. a. das Zuhören und das Informieren zu speziellen Themen zu jeder Zeit.

Für den digitalen Raum gibt es viele kreative Möglichkeiten, ein den Bedürfnissen der Zielgruppe entsprechendes Online-Meeting zu gestalten. So oder so – Online sollte allen Menschen zugänglich und damit leichter

---

3 Vgl. beispielsweise https://www.leichte-sprache.org/leichte-sprache/die-regeln/, letzter Aufruf am 25. 1. 2022. Das Regelwerk des Vereins „Netzwerk Leichte Sprache" wird allgemein als verbindlich angesehen und damit Sprache „Leichte Sprache" ist, muss sie die Regeln erfüllen. Es gibt Fortbildungen, Zertifizierungen, Übersetzungsbüros etc. „Leichte Sprache" ist ein feststehender Begriff und wird abgegrenzt zur sog. „Einfachen Sprache".

4 Tipp: Kartenset „Persönliche Zukunftsplanung" – dies ist in Kapitel 5 erläutert.

5 Hochschule Fulda, https://www.hs-fulda.de/forschen/wissens-und-technologietransfer/rigl-fulda/podcast-podklusion, letzter Aufruf am 13. 11. 21.

gemacht werden! Denn das Füreinander und Miteinander bei (digitalen) Begegnungen schafft Verbindungen. Online wie analog. Für Menschen mit und für Menschen ohne Beeinträchtigung!

4.4 Klassische Kommunikationsmodelle – (nicht nur) für *Biografiearbeit Online*

Nachstehend haben wir die für uns grundlegenden Theorien für gelingende Kommunikation im Rahmen von Biografiearbeit zusammengefasst, da diese in Bezug auf *Biografiearbeit Online* ebenfalls hilfreich sind.

Sender und Empfänger: Zwei Aspekte der Kommunikation nach Paul Watzlawick

Grundsätzlich sind nach Paul Watzlawick, Philosoph, Psychotherapeut und Kommunikationswissenschaftler, für eine gelingende Kommunikation ein Sender und ein Empfänger nötig. Eine Nachricht bzw. Information geht vom Sender zum Empfänger. In einem analogen Gespräch spricht man von Interaktion, wenn der Empfänger auf die Nachricht reagiert. Bleibt diese Rückmeldung aus, handelt es sich um eine Einweg-Kommunikation wie z. B. beim Radio.

Im digitalen Setting wird die Möglichkeit der Rückmeldung häufig sehr viel kleiner, da die Teilnehmer*innen in der Regel – auf Bitte wegen der Rückkopplungen – den Ton ausgeschaltet haben. D. h. der/die Trainer*in ist noch stärker darauf angewiesen, sich Rückmeldungen in Form von Fragen einzuholen, da es sich sonst um einen reinen Vortrag bzw. einen Monolog handelt.

Für einen Vortrag im analogen Raum gilt der Grundsatz, dass 38 % eines guten Vortrages die Stimme, 55 % die Körpersprache und 7 % der Inhalt ausmachen. Das bedeutet wiederum für den digitalen Raum, dass ein Großteil dieser 55 % wegfallen, da beide Seiten nur die Mimik beobachten können.

Umso wichtiger ist es, die Teilnehmer*innen gut im Blick zu haben. Hilfreich dabei sind die zwei Aspekte der Kommunikation nach Paul Watzlawick:

- *Der Inhalt – Was wird gesagt?* Damit ist die Information, also das, was gesagt wird, gemeint. Es geht um Zahlen, Daten, Fakten. Diese können im digitalen Raum gut durch Bilder und Worte dargestellt werden.
- *Die Beziehung – Wie wird etwas gesagt?* Dieser Aspekt umfasst die Art, wie etwas gesagt wird, d. h. Tonfall und Körpersprache sind hier besonders wichtig. Im digitalen Raum fällt ein Großteil der Körpersprache weg, es ist also umso wichtiger, dass ein Input lebendig vorgetragen bzw. dass das Gezeigte mit Worten zusätzlich erklärt wird.

In diesem Zusammenhang möchten wir auf die fünf Axiome (Grundregeln der Kommunikation) hinweisen.

1. *Man kann nicht nicht kommunizieren.* Der Mensch kommuniziert auch durch die Körpersprache oder das Verhalten und nicht nur durch das gesprochene Wort.
2. *Jede Kommunikation hat einen Inhalts- und einen Beziehungsaspekt.* Es wird einerseits der sachliche Aspekt transportiert und andererseits ist die Beziehung zwischen Sender und Empfänger ausschlaggebend, wie etwas gemeint ist bzw. verstanden wird.
3. *Kommunikation ist immer Ursache und Wirkung.* Alles was gesagt wird, hat eine Reaktion und diese eine weitere Reaktion zur Folge.
4. *Menschliche Kommunikation bedient sich analoger und digitaler Methoden.* In diesem Fall meint Watzlawick mit analog das Verbale und mit digital das Nonverbale, d. h. Mimik und Gestik.
5. *Kommunikation ist symmetrisch oder komplementär.* Kommunikation kann auf Augenhöhe geschehen oder in einem Ungleichgewicht zwischen den Kommunizierenden, was wiederum zu Schwierigkeiten führen kann.

Watzlawicks Grundregeln gelten sowohl im analogen Bereich als auch im digitalen Kontext und sind selbstverständlich auch bei Online-Meetings zu bedenken.

Das Vier-Ohren-Modell nach Friedemann Schulz von Thun

Ein weiteres Kommunikationsmodell kommt aus unserer Perspektive im digitalen Raum zum Tragen, nämlich das Vier-Ohren-Modell des deutschen Kommunikationspsychologen Friedemann Schulz von Thun.

Das Konzept geht davon aus, dass bei einer Nachricht immer vier verschiedene Ebenen mittransportiert werden. Schulz von Thun spricht von vier Schnäbeln (= Münder) beim Sender und von vier Ohren beim Empfänger. D.h. jeder Mensch kann eine Botschaft auf vier verschiedene Arten senden und das Gegenüber auf vier verschiedene Arten verstehen. Je nachdem, welcher Mund beim Sender gerade aktiv ist, wird diese Botschaft eine bestimmte Ausprägung haben. Wenn der Empfänger jenes Ohr empfangsbereit hat, das zur Botschaft passt, ist alles in Ordnung. Wenn jedoch ein ganz anderes Ohr aktiv ist, kann es zu Missverständnissen kommen.

Die vier Ebenen sind folgende:

- *Sachebene:* Es geht um die Sache, d.h. um Zahlen, Daten, Fakten.
- *Beziehungsebene:* Hier schwingt die Beziehung zwischen Sender und Empfänger mit.
- *Appellebene:* Es geht um eine Aufforderung zur Handlung.
- *Selbstoffenbarungsebene:* In diesem Fall gibt der Sender etwas von sich preis.

Diese Ebenen betreffen sowohl das Senden als auch das Empfangen, so kann eine auf Sachebene mitgeteilte Information zu Irritationen beim Empfänger führen, wenn dieser das Gesagte z.B. mit dem Beziehungsohr hört. Der/die Empfänger*in stellt sich folgende Fragen:

- *Sachebene:* Worum geht es?
- *Beziehungsebene:* Wie steht die Person zu mir?
- *Appellebene:* Was will sie von mir?
- *Selbstoffenbarungsebene:* Was offenbart die Person über sich?

Der Klassiker unter den Beispielen zur Veranschaulichung dieses Kommunikationsmodelles ist die Szene, in der ein Paar mit dem Auto fährt und der Mann, der Beifahrer ist, an der Ampel sagt: „Die Ampel ist grün.“ Folgende Botschaft kann vom Sender gemeint sein:

- *Sachebene:* Die Ampel ist grün.
- *Beziehungsebene:* Ich habe besser aufgepasst.
- *Appellebene:* Fahr los!
- *Selbstoffenbarungsebene:* Ich habe es eilig.

Beim Empfänger kann dieser Satz in vier unterschiedlichen Formen gehört werden:

- *Sachebene:* Die Ampel ist grün.
- *Beziehungsebene:* Du kannst nicht gut Auto fahren.
- *Appellebene:* Das nächste Mal fahre wieder ich.
- *Selbstoffenbarungsebene:* Du bist zu langsam.

Im Rahmen von Biografiearbeit ist es hilfreich, sensibel für die unterschiedlichen Ebenen zu sein und sich – und ggf. auch die Teilnehmer*innen – zu fragen, welcher Mund bei welchem Gegenüber besonders aktiv ist bzw. mit welchem Ohr bei welcher Person gehört wird. Insbesondere in Konfliktsituationen kann eine Betrachtung der Ebenen hilfreich sein.

Dasselbe gilt für *Biografiearbeit Online* und die damit verbundene digitale Kommunikation, da all diese Facetten der Botschaft zum Tragen kommen und es wichtig ist, diese im Hinterkopf zu haben. Bei unerwarteten Reaktionen ist es ratsam, nachzufragen, ob die Botschaft denn richtig angekommen ist. Insbesondere, wenn technikbedingte Störfaktoren die Wahrnehmung der Kommunikationswege zusätzlich trüben und verändern können, beispielsweise wenn eine Rückmeldung eines vermeintlich anwesenden Gegenübers fehlt, dessen Verbindung gerade abgebrochen ist.

Die Transaktionsanalyse nach Erice Berne

Dieses Modell der Kommunikation des US-amerikanischen Psychiaters Eric Berne (1910–1970) hat zur Grundlage die Annahme: „Ich bin ok! Du bist ok!". Es gibt laut Berne drei verschiedene Verhaltensebenen bzw. „Ich-Zustände", aus welchen heraus Kommunikation geschieht: Das Eltern-Ich, das Erwachsenen-Ich und das Kind-Ich. Diese können wir wiederum unterscheiden:

- *Eltern-Ich:* das fürsorgliche und das kritische
- *Erwachsenen-Ich:* reife Kommunikation auf Augenhöhe und wertschätzender Umgang
- *Kind-Ich:* das angepasst-ängstliche, das rebellisch-trotzige, das verspielte

Unter Transaktion wird die Begegnung eines Menschen mit einem anderen Menschen und dessen Reaktion darauf verstanden. Wenn die Hintergründe dieses Modelles bekannt sind, gelingt es, die eigene Kommunikation und die der anderen besser einschätzen und verstehen zu können. Dies ist für die Biografiearbeit allgemein wichtig. Erstens um selbst abschätzen zu können, aus welchem Ich-Zustand selbst erzählt und reagiert wird, zweitens um ein Gefühl für das Gegenüber zu bekommen. Je nach Vorerfahrung wird ein Mensch bei unterschiedlichen Themen unterschiedlich kommunizieren. Weiters ist es uns wichtig, zu sagen, dass alle drei Zustände gleich wertvoll sind. Bei Konfliktsituationen ist es allerdings sehr essenziell und fruchtbar, möglichst aus dem Erwachsenen-Ich zu sprechen und zu handeln.

Personenzentrierte Gesprächsführung nach Carl Rogers

Dieses Modell des US-amerikanischen Psychiaters und Psychotherapeuten Carl Rogers erscheint uns für die Biografiearbeit allgemein und im Speziellen für die *Biografiearbeit Online* essenziell und wir möchten gerne die hierbei wichtigen Grundsätze anführen:

- *Empathie/offene Grundhaltung:* Hierbei ist eine einfühlsame Art der Gesprächsführung gemeint.
- *Bedingungsfreie Wertschätzung:* Ein achtsamer Umgang mit dem Erzählten – ohne Be- und Abwertung.
- *Kongruenz:* Damit ist eine echte, authentische und möglichst transparente Grundhaltung der biografischen Gesprächspartner*innen gemeint.

Alle drei Grundsätze finden sich in den Prinzipien der Biografiearbeit wieder. Insbesondere der Aspekt der Kongruenz ist bei medial vermittelten Begegnungen wichtig. Es kann schnell passieren, dass ein künstlicher Eindruck entsteht. Dem kann durch die authentische Grundhaltung entgegengewirkt werden.

4.5 Herausfordernden Kommunikationssituationen begegnen

Generell ist es empfehlenswert, sich verschiedene mögliche herausfordernde Situationen und Lösungswege dazu schon vor dem Online-Meeting durch den Kopf gehen zu lassen und so gut vorbereitet zu sein. Nachfolgend stellen wir einige typische Situationen und Lösungsmöglichkeiten vor.

Kommunikationsknoten lösen

Manchmal spüren Trainer*innen – genau wie im Analog-Seminar –, dass etwas nicht stimmt, z. B. Teilnehmer*innen zwar körperlich anwesend, aber nicht zu 100 % „präsent" sind. Trainer*innen sind in diesem Fall dazu geneigt, noch mehr zu geben, und spielen einen vermeintlichen Trumpf nach dem anderen aus. Meistens ist das Ergebnis frustrierend, weil sich nichts ändert und die Folge nur ist, dass der/die Trainer*in nach dem Seminar müde und ausgelaugt ist. Was also tun? Die einzige Antwort auf dieses Problem ist, es anzusprechen, und zwar so, dass die eigenen „unguten" Gefühle thematisiert und damit zur Diskussion gestellt werden. Liegt es am Thema, liegt es an der Vortragsweise, ist sonst etwas vorgefallen, was der/die Trainer*in wissen sollte? Vielleicht liegt es auch an persönlichen Unpässlichkeiten einiger Teilnehmer*innen, die sich häufen und damit die Gruppendynamik beeinflussen können. Gerade beim Online-Meeting ist es wichtig, jede mögliche Information zu bekommen.

Zu spät kommende und/oder früher gehende Teilnehmer*innen

Wenn das Online-Meeting begonnen hat, kommt es immer wieder vor, dass Teilnehmer*innen zu spät kommen. Aus unserer Erfahrung heraus ist dies bei digitalen Begegnungen öfter der Fall als in Präsenz. Am besten funktioniert es für alle Seiten, wenn die Person, die zu spät ist, bestmöglich in die aktuelle Übung einbezogen wird. Falls herauskommt, dass sie zu spät kommen, weil es ja sowieso online ist, muss das Thema konkret angesprochen werden. Wenn der/die Teilnehmer*in sehr durcheinander erscheint, empfiehlt es sich, dies unter vier Augen (z. B. im Chat oder in einem Extraraum) anzusprechen und nachzufragen, ob es eine besondere Belastung gibt. In manchen Fällen wird sich die zu spät kommende Person mit einer Entschuldigung der ganzen Gruppe erklären.

Während des Online-Meetings ist es wichtig, auf die Bedürfnisse der Teilnehmer*innen zu achten. Wie im Analog-Seminar gilt die Regel: „Störungen haben Vorrang“ bzw. wie man inzwischen weiß: „Störungen nehmen sich Vorrang“, d. h. wenn eine Unpässlichkeit in der Gruppe aufkommt, wird es nicht möglich sein, nicht darauf zu reagieren. Am besten wird auf die Situation kurz eingegangen, diese – wenn möglich – gelöst und dann mit dem Programm fortgesetzt.

Manchmal werden Trainer*innen während des Online-Meetings feststellen, dass die Teilnehmer*innen nicht ganz bei der Sache sind. Die Möglichkeiten der Ablenkung sind groß. E-Mails auf dem PC, „dringende“ Telefonate, Recherchen im Internet. Hier ist es wichtig, dies von Anfang an zu unterbinden und darauf hinzuweisen, dass dies nicht erwünscht ist und den Fluss des Online-Meetings stören wird.

Gegen Ende des Online-Meetings werden vielleicht einige Teilnehmer*innen früher gehen müssen. Die Frage ist, ob es wirklich nötig ist. Dies gilt es abzuklären. Wenn es unabdingbar ist, ist es wichtig, die noch ausstehenden Aufgaben als Übung mitzugeben und dann im Anschluss einzufordern.

Teilnehmer*innen, die besondere Aufmerksamkeit brauchen

Es gibt in manchen Online-Meetings einzelne Teilnehmer*innen, die hervorstechen, indem sie unzufrieden sind und dies kommunizieren. Manchmal gibt es Teilnehmer*innen, die nebenbei im Internet nach Definitionen oder Hintergrundwissen suchen und dies dann in der Runde ungefragt mitteilen. Es kann hilfreich sein, wenn eine Frage offenbleibt, aber auch störend, wenn der/die Trainer*in das Gefühl hat, dass ständig nebenbei Zusatzinformationen gesucht werden. Dadurch kann der Eindruck entstehen, das Wissen des/der Trainer*in sei nicht genügend. Falls jedoch eine Frage seitens des/der Trainers/Trainerin wirklich nicht beantwortet werden kann, ist es durchaus legitim, diese in die Runde zu geben, gezielt einen Auftrag zur „Nachforschung“ zu geben oder die Information später, z. B. per E-Mail nachzuliefern. Nach unserem Erleben kommt es auch in solchen Fällen gut an, authentisch zu bleiben und mit Fehlbarkeiten offen umzugehen.

Bei allen drei angeführten Beispielen und bei weiteren „Störungen“ ist es zuerst einmal wichtig, den/die Teilnehmer*in ernst zu nehmen und ihn/sie „abzuholen“. Dies kann auf unterschiedliche Art und Weise erfolgen. Wir empfehlen folgende Schritte: Die Emotion des/der Teilnehmers/Teilnehmerin in wird wahrgenommen und gespiegelt, indem sie benannt wird, sodass sich die Person beachtet und gesehen fühlt. Danach kann auf die Art der Unzufriedenheit eingegangen werden, d. h. es ist wichtig, zu ergründen, woher diese kommt. Vielleicht ist das Vorwissen entsprechend groß und es braucht mehr Zusatzstoff, um keine Langeweile aufkommen zu lassen. In diesem Fall kann der/die Teilnehmer*in auf spätere Inhalte verwiesen oder durch gezielte Fragen einbezogen werden, um das Wissen in die Runde geben zu können und somit gefordert zu sein.

Wenn jemand mit dem Lehrstil unzufrieden ist und dies benennt, ist es wichtig, sich diese Kritik anzuhören und dann entsprechend entweder in der Gruppe darauf einzugehen oder in einem Zweiergespräch die Hintergründe dafür abzuklären.

Manche Teilnehmer*innen sind immer auf der Suche nach dem „Haar in der Suppe". Für uns Trainer*innen ist es dann umso wichtiger, das Prinzip der Ressourcenorientiertheit mit dem Blick auf das, was gut ist, zu fördern.

Unmotivierte, gelangweilte Teilnehmer*innen

Wenn ein/e Teilnehmer*in beispielsweise nicht freiwillig ein Online-Meeting besucht, sondern dies z.B. aus beruflichen Gründen „muss", kann es sein, dass er/sie nicht sehr motiviert und aktiv ist. Dies kann natürlich auch dann der Fall sein, wenn sich der/die Teilnehmer*in aus freien und eigenen Stücken zum Online-Meeting angemeldet hat. Das hängt manchmal von Kleinigkeiten, wie z.B. der Tagesverfassung, ab. Aus unserer Erfahrung heraus ist es generell wichtig, im Online-Setting viel Abwechslung und Interaktion zu bieten und Methoden abzuwechseln, sodass die Teilnehmer*innen in kurzen Abständen immer wieder zu Aktionen aufgefordert werden, damit das Lernen Freude machen kann.

Mitteilungslustige Teilnehmer*innen

Immer wieder begegnen uns in unseren Online-Meetings Teilnehmer*innen, die besonders viel Raum einnehmen. Sie zeichnen sich durch einen im Vergleich zu den anderen erhöhten Redebedarf und gesteigerte Mitteilungslust aus. Es ist als Trainer*innen unsere Aufgabe, eine für alle gleichermaßen angenehme Atmosphäre zu schaffen, in der jede*r ausgewogen zum Zuge kommt.

Wir haben gute Erfahrungen damit gesammelt, in diesem Fall Methoden einzusetzen, die zeitbeschränkend wirken, d.h. die Redezeit vorzugeben. Zudem hat es sich bewährt, das Ungleichgewicht in der Gruppe konkret anzusprechen und freundlich darauf aufmerksam zu machen, dass man mit Blick auf die Uhr gerne noch weitere Teilnehmer*innen zu Wort kommen lassen möchte.

4.6 Selbstfürsorge als Grundlage für eine wertschätzende Kommunikationsebene

Es ist wichtig, dass sowohl die Teilnehmer*innen als auch die Trainer*innen gut für sich selbst sorgen.

Regelmäßige Pausen sind für alle essenziell. Insbesondere die Trainer*innen sollten Pausen nicht nur zur Vor- bzw. Nachbereitung, sondern für ein paar tiefe Atemzüge, die den Kopf frei machen, nutzen. Denn nur wenn die/der Trainer*in sich wohlfühlt, kann er/sie ausreichend für die Gruppe sorgen.[6] Getränke sollten von Anfang an am „Arbeitsplatz" bereitstehen. So ist es leichter, ausreichend zu trinken.

Weiters empfehlen wir, auf eventuell auftretende Verspannungen im Körper zu achten. Wo ist eine Verspannung spürbar? In den Schultern, den Augen, im Rücken. Hier kann nun die Hand aufgelegt und die Anspannung gefühlt und bewusst gelockert werden. Manchmal sitzt man mit hochgezogenen Schultern vor dem Gerät, obwohl es nicht nötig wäre, die Schultern hochzuziehen. Hier kann ein kurzes aufmerksames Lockern für Entspannung sorgen.

Hilfreich ist es auch, ein paar spezielle Augenübungen zur Entspannung der Augen anzuleiten.[7]

Das Arbeiten an einem Stehtisch ist eine wohltuende Abwechslung. Die Stimme wird dadurch lockerer und das überträgt sich positiv auf die Teilnehmer*innen. Inzwischen gibt es höhenverstellbare Tische, die sowohl einen sitzenden als auch einen stehenden Arbeitsplatz ermöglichen.

Im Online-Meeting sollte der jeweilige theoretische Input der Trainer*innen wesentlich kürzer ausfallen als im Analog-Seminar. Die Teilnehmer*innen schauen nur auf die Präsentation oder auf den Bildschirm mit den anderen Teilnehmer*innen und das kann ermüden. Deshalb lohnt es sich, die Teilnehmer*innen in kurzen Abständen immer wieder durch eine Frage oder Aufgabe zu aktivieren.

All die unterschiedlichen Methoden bzw. Tools, die eingesetzt werden, sollen bestenfalls schon vorab bereitliegen, da die Vorbereitung in Echtzeit zu viel Raum einnimmt und dies von den Teilnehmer*innen als störend empfunden wird bzw. den/die Trainer*in unnötig in Stress versetzt. Generell empfehlen wir, mehrere unterschiedliche Methoden zusätzlich zum geplanten Ablauf vorzubereiten, falls die vorgesehenen Methoden weniger Zeit beanspruchen sollten als geplant und um ein gewisses Repertoire flexibel einsetzen zu können.

---

6 Wie die Integration von Pausen gut gelingen kann, ist in Kapitel 3 beschrieben.

7 Energizer-Übungen sind in Kapitel 5 beschrieben.

Bei den Aufgabenstellungen ist es wichtig, genaue Anweisungen zu geben. Hier sind eine Zeitangabe, Inhaltliches und v. a., wie mit den Ergebnissen weitergearbeitet wird, wichtig. Je klarer die Anweisungen, desto sicherer die Teilnehmer*innen. Zusätzlich bewährt es sich, abzufragen, ob die Aufgabenstellung verständlich ist.

Gerade bei Online-Meetings kann es sehr bereichernd sein, zu zweit zu arbeiten. Die Teilnehmer*innen haben davon doppelten Nutzen. Erstens haben sie die Aufmerksamkeit von zwei Trainer*innen, zweitens doppeltes Fachwissen und soziale Kompetenz. Im besten Fall ergänzt sich das Team gegenseitig und so profitieren beide Seiten sehr. Im Online-Meeting nimmt der/die Trainer*in oft Schwingungen wahr, kann diese jedoch manchmal nicht wirklich einordnen. Hier ist die Kommunikation zwischen den Trainer*innen und den Teilnehmer*innen wieder besonders wichtig und wertvoll.

Die Menschen, die sich angemeldet haben, wollen etwas dazulernen. Der/die Trainer*in kann mit seiner/ihrer inneren und äußeren Haltung schon sehr viel Ruhe und Klarheit in das Setting bringen. Vor dem Online-Meeting bewährt es sich für Trainer*innen, ein paar Sprechübungen zu machen und sich ein Stück weit zu wappnen, dass herausfordernde Dinge passieren könnten. Sich vorher einen guten Ort in die Erinnerung zu rufen, hilft, sich auf das Online-Meeting einzuschwingen.

Online-Meetings erfordern ein hohes Maß an Aufmerksamkeit und Selbstdisziplin beider Seiten, also sowohl auf Seiten der Trainer*innen als auch auf Seiten aller Teilnehmer*innen. Die tatsächliche Ausgestaltung z. B. für gemeinsame und/oder einzelne Arbeitsaufträge und die damit verbundene Verantwortung liegt bei den Teilnehmer*innen. Da wir in unseren Online-Meetings nach dem Prinzip „Alles darf und nichts muss“ arbeiten, setzen wir diese Eigenverantwortlichkeit und Selbstsorge voraus. Wir können und wollen z. B. nicht kontrollieren, ob Arbeitsaufträge ausgeführt werden, denn das widerspricht unserem Prinzip und unserer Haltung, dass Biografiearbeit immer freiwillig geschieht. Unsere Methoden und Impulse bringen wir als Einladung zum Ausprobieren und Erleben in die Seminare – analog und online. Wir als Trainerinnen für Biografiearbeit stehen dabei für (Rück-)Fragen immer zur Verfügung. Gerade bei einer möglichen Reduzierung der Kommunikation im Online-Meeting ist dieser Ansatz eine wichtige Grundhaltung.

Nach dem Online-Meeting ist es wichtig, auf eine gute Selbstfürsorge zu achten, d. h. nach einer Trainer*innentätigkeit im Team noch eine kurze Nachbesprechung abzuhalten und das Online-Meeting gemeinsam zu reflektieren. Dann soll der PC oder Laptop bewusst ausgeschaltet werden, und die Erholungszeit kann beginnen. Für manche wird es vielleicht passend sein, das Online-Meeting gleich nachzubereiten und das Handout für die

Teilnehmer*innen zusammenzustellen. Wir empfehlen, dies erst an einem der nächsten Tage fertigzustellen, da in der Zwischenzeit weitere Punkte auftauchen können, die dann noch angeführt werden können.

Bewährt hat sich, den Ablaufplan noch einmal durchzugehen und nach der Reflexion evtl. umzuschreiben, frei nach dem Motto: Nach dem Online-Meeting ist vor dem Online-Meeting.

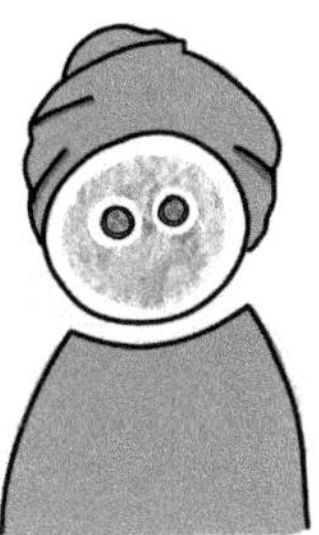

Der Umgang mit Gefühlen

Was sicher etwas komplexer im Online-Meeting ist, ist der Umgang mit auftauchenden Gefühlen. Oft bekommt es der/die Trainer*in gar nicht mit, wenn Emotionen an die Oberfläche kommen. Umso wichtiger ist es, erstens ein Auge auf die Teilnehmer*innen zu haben und zweitens das Befinden aller Anwesenden immer wieder abzufragen und ggf. persönliche (Telefon-)Gespräche abseits des Online-Meetings anzubieten. Bei den Gefühlen ist es sehr wichtig, zu unterscheiden, welche Gefühle bei den Teilnehmer*innen oder welche bei dem/der Trainer*in wahrnehmbar sind. Hat der/die Trainer*in Stress oder jemand aus der Gruppe? Welche Emotionen könnten bei den Teilnehmer*innen auftauchen und was könnte dahinterstehen? Einige stellen wir beispielhaft vor:

- *Ärger:* Oft kann der Ärger von einem ganz anderen Thema herrühren. Wenn allerdings der Verdacht besteht, dass der Ärger mit dem Online-Meeting in Zusammenhang steht, sollte dem nachgegangen werden. Manchmal braucht es ein bisschen Abstand und danach eine klare Frage nach dem Grund für den wahrgenommenen Ärger.
- *Traurigkeit:* Gerade bei herausfordernden Themen in der Biografiearbeit kann Traurigkeit eine Folge sein. In diesem Fall ist es am besten, diese Möglichkeit anzusprechen, die Unterstützung (auch nach dem Online-Meeting oder in einem zusätzlichen digitalen Raum) anzubieten und mitzuteilen, dass es in Ordnung ist, traurig zu sein.
- *Furcht:* Furcht ist eine Emotion, die evtl. ausgelöst werden kann. Dies ist meist ein Hinweis auf ein Thema im Leben, das noch ein Stück Zuwen-

dung braucht. In diesem Fall könnte eine Imaginationsübung[8] eingebaut werden und Sicherheit schenken.

- *Ekel, Schande und Schuld:* Biografiearbeit löst manchmal Gedanken aus, die Menschen in ein selbstverachtendes Verhalten führen. Wenn dies wahrzunehmen ist, sollte um ein Gespräch mit der Person, an der diese Emotionen wahrgenommen werden, gebeten und evtl. an eine professionelle Stelle verwiesen werden.
- *Überraschung und Begeisterung:* Biografiearbeit löst in der Regel Begeisterung aus und überraschende Einsichten können die Folge sein. Hier unterstützen Übungen, die der Freude Ausdruck geben.
- *Freude:* Freude ist eine der schönsten „Nebenwirkungen" der Biografiearbeit. Durch Übungen der Dankbarkeit oder den ressourcenorientierten Blick können wir dies noch verstärken, und das Wohlbefinden darf sich im Leben der Menschen ausbreiten.

Jeder darf reden, niemand muss reden

Entsprechend des Prinzips der Freiwilligkeit darf sich jede*r mitteilen, aber niemand wird dazu gezwungen. Manche wollen sich jedoch gerne mitteilen, brauchen hierfür, insbesondere im digitalen Raum, Unterstützung. Eine geeignete Einstiegsmethode, diese Menschen zum „Reden" zu bringen, ist es, Fragen zu stellen und diese im Chat beantworten zu lassen.

Eine weitere Möglichkeit ist es, eine Frage zu stellen und dann gezielt eine Person um eine Antwort oder Stellungnahme zu bitten. Wenn das Wort untereinander weitergegeben werden soll, bis alle an der Reihe waren, belastet das manchmal die Teilnehmer*innen, weil sie evtl. den Überblick verlieren und nicht wissen, wer schon dran war und wer nicht und/oder sehr lange warten müssen, bis er/sie an der Reihe ist. Dann kann die Angst aufkommen, vergessen zu werden. Hier kann der/die Trainer*in gleich zu Beginn ein Signal geben, dass er/sie den Überblick behält und ggf. weiterhelfen oder korrigierend einschreiten kann.

8 Eine Imaginationsübung ist in Kapitel 5 beschrieben.

4.7 Geeignete Methoden mit Bezug zur Online-Kommunikation

Kommunikation ist etwas, das wir alle ständig „machen“ und eher nicht reflektieren. In der *Biografiearbeit Online* greifen wir gerne Methoden auf, die sich direkt mit Kommunikation beschäftigen.

Stille Post

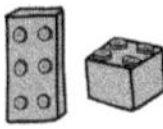

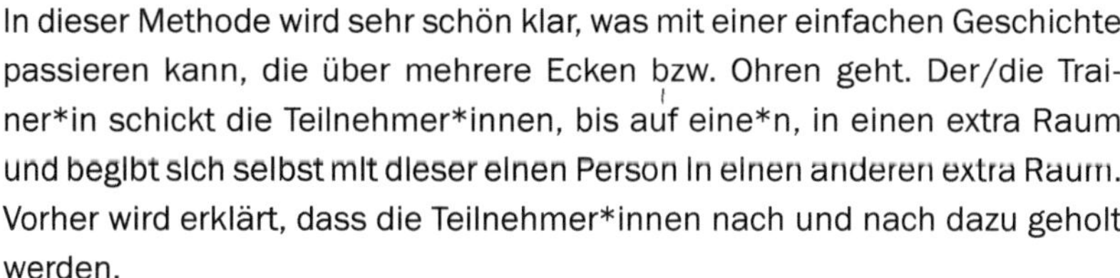

In dieser Methode wird sehr schön klar, was mit einer einfachen Geschichte passieren kann, die über mehrere Ecken bzw. Ohren geht. Der/die Trainer*in schickt die Teilnehmer*innen, bis auf eine*n, in einen extra Raum und begibt sich selbst mit dieser einen Person in einen anderen extra Raum. Vorher wird erklärt, dass die Teilnehmer*innen nach und nach dazu geholt werden.

Der/die Trainer*in erzählt der/dem ersten Kandidaten*in eine komplexe Geschichte. Die Aufgabe ist es, zuzuhören und dies dann der nächsten Person, die danach in den Raum dazu geholt wird, möglichst genau weiterzugeben. So kommen immer mehr Personen dazu, und erfahrungsgemäß wird sich die Geschichte sehr stark verändern bzw. verkürzen.

Anschließend kann besprochen werden, was dies mit der Kommunikation zu tun hat und für den Umgang mit Informationen bedeutet.

Jammerrunde

Manchmal liegt eine gewisse, negative Stimmung in der Luft, die vom/von der Trainer*in aufgenommen werden kann. In diesem Fall empfiehlt es sich, eine sogenannte „Jammerrunde“ auszurufen. Hier darf sieben Minuten lang in der großen oder in kleinen Gruppen gejammert werden. Danach geht es den Teilnehmer*innen besser, und es kann das geplante Programm fortgesetzt werden. Diese Methode ist sowohl im analogen als auch im digitalen Format einsetzbar.

Klatschen bei Präsentationen

Wenn die Teilnehmer*innen z. B. ein Projekt präsentieren, soll dies selbstverständlich entsprechend gewürdigt werden. Im Rahmen analoger Begegnungen wird Anerkennung in der Regel durch Klatschen ausgedrückt. Im Online-Meeting kann dies entweder über die Funktion „Klatschen“ mit einem Icon geschehen oder mithilfe von Applaus bei eingeschaltetem Ton.

Rollenspiel in der Kleingruppe

Um persönliche Antworten auf die Fragen „Was macht eine gute Kommunikation aus?“ oder „Was könnten Störfaktoren in einem Kommunikationssetting sein?“ zu finden, eignen sich Darstellungen von vorgegebenen Alltagssituationen in einem Rollenspiel, evtl. als Pantomime. Die Teilnehmer*innen werden in Kleingruppen auf verschiedene Ideen kommen und eine davon im Plenum vorspielen. Anschließend kann die beobachtete Kommunikation gemeinsam thematisiert werden.

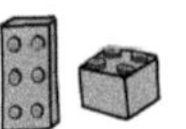

Aktives Zuhören

Beim aktiven Zuhören liegt der Fokus darauf, sich voll und ganz auf das Gegenüber einzulassen und das Erzählte möglichst so zu verstehen, wie es gemeint ist. Durch Rückfragen und eine Zusammenfassung des Gehörten kann überprüft werden, ob die Botschaft so angekommen ist, wie sie gedacht war. Aktives Zuhören ist gerade bei Biografiearbeit sehr wichtig, da Menschen ins Erzählen kommen. Hierbei ist Einfühlungsvermögen sehr hilfreich. Verständnisfragen dürfen gestellt werden. Wichtig ist eine vollkommene Zuwendung und z. B. ein wiederholtes Nicken, um zu signalisieren, dass die Aufmerksamkeit ungebrochen ist. Dies ist eine Methode, die gut in Zweier- oder Dreiergruppen geübt werden kann und die Voraussetzung für biografische Gespräche liefert. Auch hier ist wieder darauf zu achten, dass ein Stück Körpersprache wegfällt und dass die Mimik und die Zwischentöne besonders zu beachten sind.

5 Praxisbeispiele: *Biografiearbeit Online* konkret im Online-Meeting

In diesem Kapitel geht es um konkrete Praxisbeispiele, die wir im digitalen Raum ein- und umsetzen. Wir geben einen Einblick, welche vielfältigen Möglichkeiten und Themen der *Biografiearbeit Online* methodisch gestaltbar sind. Teilweise sind die vorgestellten Methoden ursprünglich aus der analogen Welt und dementsprechend an die Online-Settings angepasst. Unserer Erfahrung nach sind die meisten Methoden in den digitalen Raum übertragbar und/oder veränderbar.

Die vorgestellten Methoden sind Beispiele, die in eigenen Online-Formaten abgewandelt, angepasst, erweitert und in der Praxis ausprobiert werden können.

Kreative Methoden im Seminar

Im Online-Seminar können vielfältige Methoden der Biografiearbeit Anwendung finden. Einige konkrete Beispiele zu den unterschiedlichen Seminar-Einheiten, wie Präsentieren, Kleingruppen-Arbeit, Energizer und Resümee, stellen wir nachfolgend vor.

Präsentieren: Informieren und motivieren

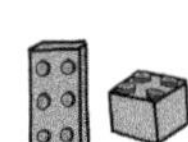

Was in analogen Veranstaltungen häufig Flipcharts und Pinnwände sind, dürfen im digitalen Raum Präsentationsfolien sein. Besonders im Online-Seminar sind Präsentationsfolien sinnvoll, um die zu vermittelnden Inhalte anschaulich darstellen zu können. Dabei können die Präsentationsfolien themenabgestimmt gestaltet und an einzelne Methoden angepasst werden, beispielsweise durch Bilder oder Fotografien. Zur Methode „Der Schlüsselbund" würde sich z. B. das Foto eines Schlüsselbundes besonders gut eignen, um visuelle Assoziationen zu wecken.

Überblick des Ablaufs: Unser Fahrplan

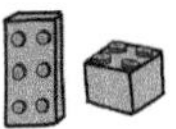

Im Online-Seminar ist es wichtig, den Teilnehmer*innen gleich zu Beginn den zeitlichen Ablauf mit Pausen und Inhalten vorzustellen. Auf einer Präsentationsfolie kann ein Foto platziert werden. Es zeigt einen Tisch mit Blumen sowie einen Bilderrahmen, in dem die einzelnen Themenpunkte und die Seminarzeiten aufgelistet sind.

Darstellung der Wissensinhalte: Präsentation des roten Fadens
Was ist Biografiearbeit? Die Vermittlung eines Verständnisses davon, was Biografiearbeit überhaupt ist, ist Gegenstand jedes Grundlagen-Seminares und steht häufig auch in anderen Seminaren zum Einstieg in die Thematik am Anfang der Veranstaltung. Auf einer Folie ist ein Foto eines roten Fadens oder Seils, der bzw. das auf dem Boden ausgelegt ist. Entlang des roten Fadens bzw. Seils finden sich nun symbolisch die verschiedenen Stränge der Biografiearbeit: für die Soziale oder Soziobiografie ein paar Holzfiguren, für die Geschlechterbiografie die Symbole für Weiblichkeit, Männlichkeit und Geschlechtlichkeit allgemein, für die Kulturbiografie z.B. Symbole zum Thema Rituale oder Essen und/oder Theaterkarten, für die ökologische Biografie Symbole aus der Natur bzw. etwas rund um die eigene Gesundheit, für die Mythobiografie Dinge, die Werte ausdrücken, für die Bildungs- und Lernbiografie ein Schulheft oder der Führerschein, für die Persönlichkeitsbiografie etwas Wesensnahes oder auch -fremdes.

Der rote Faden, häufig auch „Lebensfaden" genannt, kann symbolischer Bestandteil von Biografiearbeit sein. Metaphorisch zieht er sich durch die Biografien und ist dabei immer unterschiedlich lang, verknotet, aufgedröselt, straff oder locker.

Wissenssicherung: Das Erfahrene festhalten

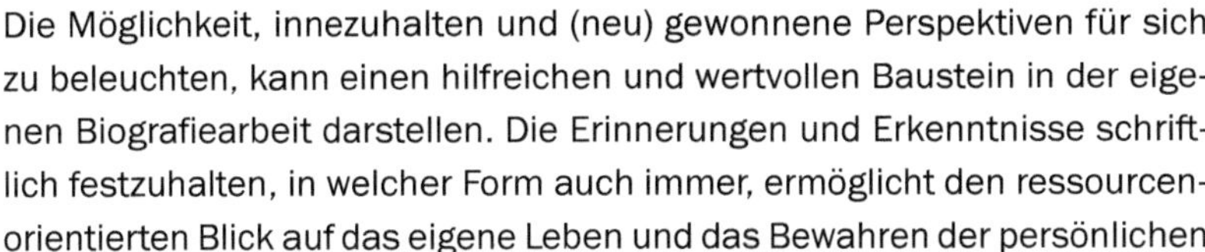

Die Möglichkeit, innezuhalten und (neu) gewonnene Perspektiven für sich zu beleuchten, kann einen hilfreichen und wertvollen Baustein in der eigenen Biografiearbeit darstellen. Die Erinnerungen und Erkenntnisse schriftlich festzuhalten, in welcher Form auch immer, ermöglicht den ressourcenorientierten Blick auf das eigene Leben und das Bewahren der persönlichen Erkenntnisse und Lebensschätze.

„Meine persönlichen Essenzen"

Um Möglichkeit zu geben, einen Teil der persönlichen Schätze mit den anderen Teilnehmer*innen zu teilen, arbeiten wir gerne mit dem Aufschreiben von Essenzen. Dazu werden die Gruppenmitglieder nach einer methodischen Einheit gebeten, eine oder mehrere persönliche Essenzen aus dieser zu notieren. Was ist die persönliche Essenz, der persönliche Gewinn für jede*n aus dieser biografischen Einheit? Wodurch wurden die Teilnehmer*innen berührt? Wohin bzw. auf welche Lebensthemen möchten sie ihren Fokus (weiter) lenken?

Diese Essenzen können im (selbstgemachten) Tagebuch aus der Vorfreude-Post notiert werden. Essenzen zu sammeln eignet sich nach nahezu allen durchgeführten Einheiten und/oder Methoden und gibt den Teilnehmer*innen immer wieder einen Rückblick auf ihre innere Haltung zum Thema. Notierte Essenzen eignen sich außerdem wunderbar, um sie kurz und knapp in einer Plenums-Runde mit den anderen zu teilen. Im Anschluss können Austauschrunden stattfinden, in welchen die Teilnehmer*innen neue Perspektiven erhalten und sich als wichtige Personen erfahren, da das Gegenüber die gesammelten Erfahrungen aufnimmt und ihnen Aufmerksamkeit schenkt. Die Teilnehmer*innen geben und nehmen, nehmen und geben – sie sind miteinander *online*.

Durch aufeinander aufbauende und weiterführende Methoden und Impulse und die damit sichtbar gewordenen Gemeinsamkeiten entsteht ein neues Netzwerk, und die Teilnehmer*innen erfahren sich als Gemeinschaft.

Der/die Trainer*in kann über den persönlichen natürlichen Umgang mit dem Setting eine angenehme Atmosphäre schaffen, z. B. indem Bewegung stattfindet oder durch das Einbringen von Fotos, auf denen Materialien aus dem Analog-Seminar zu sehen sind. Außerdem lassen sich Materialien, wie Alltagsgegenstände, im analogen Raum nutzen, indem die Trainer*innen sie im Online-Meeting zur Hand nehmen und in die Kamera halten. Ein zusätzliches „Mit-in-den-Raum-Nehmen“ ermöglicht eine Dokumentenkamera[1]. Damit können die Trainer*innen ausgewählte Impulse und Methoden von ihrem Arbeitsplatz aus direkt im digitalen Raum zur Verfügung stellen. Live und in Echtzeit hat das eine ganz besondere Wirkung und Potenzial für Verbindung. Auf diese Weise werden die Teilnehmer*innen direkt „mitgenommen“, wenn man beispielsweise gemeinsam einen Literaturtipp aus der digitalen Bücherecke anschaut.

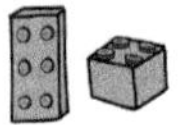

Die digitale Pinnwand

Um die vermittelten Inhalte für die Teilnehmer*innen greifbar zu machen und zu sichern bietet es sich an, eine digitale Pinnwand zu teilen. Sie ist ein wertvolles Tool zur Sammlung und Speicherung der Online-Meeting-Inhalte und kann entweder direkt über die Funktion des jeweiligen Anbieters erstellt oder als Datei eingeblendet werden. Es können darauf sämtliche Dokumente, Bilder, Links, Präsentationen etc. „angepinnt“ werden. Es gibt verschiedene (kostenlose) Anbieter. Über einen Link haben alle Teilnehmer*innen einen direkten Zugang und können die Materialien herunterladen. Außerdem ist es in der Regel möglich, dass auch Teilnehmer*innen Materialien anpinnen können.

Mit Merkzetteln an einer digitalen Pinnwand lässt sich übersichtlich und einfach arbeiten und die „Pins“ können mit anderen Menschen geteilt werden, auch um wertvolle Unterstützung zu erhalten. Hier kann ein guter Transfer in die *Biografiearbeit Online* übertragen werden: beispielsweise mit der Erstellung eines „Lebens-Padlets“/einer „Pinnwand des Lebens“. Eine digitale Pinnwand bietet generell eine gute Dokumentationsmöglichkeit für Menschen und ihre (Lebens-)Geschichten. Grundsätzlich gilt sowohl im Online-Meeting als auch im Analog-Seminar: immer wiederkehrende Impulse vermitteln Sicherheit (z. B. die #Hashtags zu Beginn jedes Online-Meetings, siehe Kap. 5).

---

1 Eine Dokumentenkamera eignet sich ideal, um analoge Inhalte wie z. B. ein Blatt Papier oder einen Gegenstand zu visualisieren. So können Trainer*innen den Teilnehmer*innen Materialien von ihrem Arbeitsplatz über den geteilten Bildschirm zur Verfügung stellen.

Biografiearbeit – Was ist das? Es gibt Methoden, mit deren Hilfe man sich der Biografiearbeit und/oder der persönlichen Biografie annähern kann. Einige stellen wir nachfolgend vor.

Die Stränge der Biografiearbeit konkret

Ein dicker roter Faden (z.B. aus Wolle) eignet sich, um die Stränge[2] der Biografiearbeit und damit die jeweils ausgeprägten einzelnen, persönlichen Stränge näher zu betrachten. Wenn der rote Faden in den Händen gehalten wird und die einzelnen Stränge der Wolle aufgedröselt werden, kann in Anlehnung an die Timeline hier genauer in die einzelnen Bereiche geblickt werden.

- Wo und in welchem Strang sitzen Knoten?
- Sind diese Knoten eher fest oder eher locker?
- Lassen sich diese Knoten wieder entwirren?
- Welcher der Stränge ist besonders ausgeprägt und stabil?
- Welche der Stränge ist der dünnste?
- Welche Stränge sind miteinander verwoben?

Die Timeline

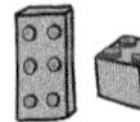

Eine Timeline als Symbol für die Lebenszeit lässt sich auf verschiedene Art und Weise darstellen. Mit einem langen roten Faden, der optimalerweise im Raum ausgelegt werden kann, lassen sich individuelle Lebensstationen visuell darstellen. Das Leben legen: In einer Einzelarbeitsphase können die Teilnehmer*innen mit eigenen Gegenständen (analog dem „Lebenskoffer") ihre Lebensschätze an ihren Platz legen. Alternativ eignen sich dafür Sym-

2 Die Stränge der Biografiearbeit werden in Kapitel 1 erläutert.

bole, die aufgemalt oder aufgeschrieben werden können. Es kommt auf den zeitlichen Aspekt dieser Einheit an, welche Varianten gewählt werden.

Ein roter Faden kann symbolisch für verschiedene Lebensstationen und Lebensereignisse verziert werden. Dazu eignen sich verschiedene Symbole. So kann z. B. ein Stern symbolisch für die Geburt stehen, ein Herz für die Familie, ein Kreuz für die Spiritualität, usw.

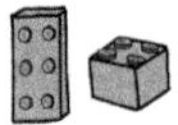

Die Kordel-Meditation

Eine Meditation, für die der rote Faden eingesetzt werden kann, ist die Kordel-Meditation[3] von Hubert Klingenberger. Die Teilnehmer*innen werden gebeten, es sich gemütlich zu machen, gerne darf dabei die Kamera ausgeschaltet werden. Während die Kordel-Meditation langsam vorgelesen wird, halten die Teilnehmer*innen ihren roten Faden in der Hand. Sie werden anfangen, damit zu „spielen", den roten Faden zu drehen, zu wenden, zu verknoten. Dies hat zusätzlich den Effekt, dass der Kopf frei sein kann, während die Hände arbeiten.

5.1 Kreative Methoden im Online-Setting

Biografiearbeit Online braucht spezifische Methoden, insbesondere um das Gruppengefühl zu initiieren und zu stärken. Nachfolgende Methoden funktionieren unserer Erfahrung nach sehr gut.

In der Gruppe ankommen: Clustern

Im Online-Setting entfällt in der Regel der Smalltalk, das Miteinander-ins-Gespräch-Kommen in der Gruppe, um anzukommen. Eine wertvolle Methode, die das Gruppengefühl positiv stärkt, ist das Clustern. Dabei nimmt jede*r Teilnehmer*in ein buntes Post-it zur Hand und klebt es vor die Kamera. So entsteht ein Bild von vielen bunten Kacheln. Der/die Trainer*in stellt nun Fragen, die – wenn sie mit „Ja" beantwortet werden können – dazu führen, dass das Post-it entfernt wird. Das Clustern ermöglicht allen Anwesenden ein Stimmungsbild der Gruppe. Nun sind alle Teilnehmer*innen sichtbar, die etwas gemeinsam haben, ähnlich einer soziometrischen Aufstellung im analogen Raum.

3 Klingenberger/Zintl (2001), S. 37 ff.

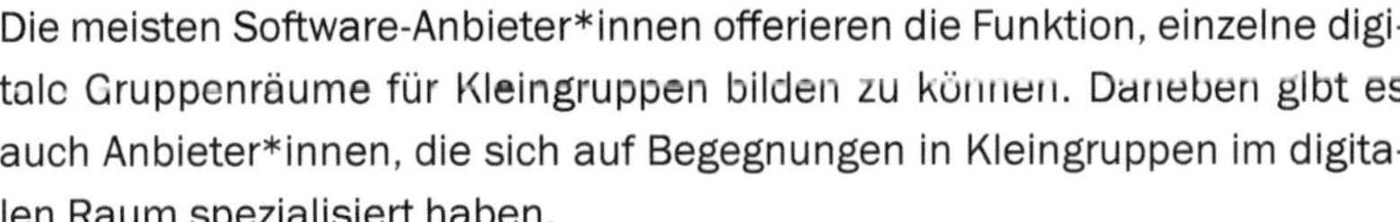

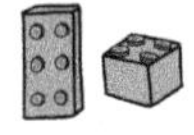

Kleingruppen-Arbeit: Der digitale Gruppenraum

Die meisten Software-Anbieter*innen offerieren die Funktion, einzelne digitale Gruppenräume für Kleingruppen bilden zu können. Daneben gibt es auch Anbieter*innen, die sich auf Begegnungen in Kleingruppen im digitalen Raum spezialisiert haben.

Kleingruppen bieten immer Abwechslung von der großen Runde im Plenum. Die Teilnehmer*innen haben in den Kleingruppen die Möglichkeit, sich intensiver auszutauschen und eigene Ergebnisse zu erarbeiten. Es bietet eine intimere Atmosphäre.

Die Einteilung in die Kleingruppen kann auf unterschiedliche Art und Weise erfolgen. Erstens kann die Einteilung willkürlich erfolgen, d. h. der PC wählt die Zusammensetzung der Gruppen. Zweitens kann der/die Trainer*in die Teilnehmer*innen bewusst in einer bestimmten Konstellation zusammenbringen und somit den Austausch ermöglichen. Drittens kann eine Kleingruppenaufteilung auch nach Themen vorgenommen werden. In diesem Fall werden Räume angelegt und mit dem jeweiligen Thema beschriftet. Die Teilnehmer*innen können sich danach selbst in den für sie passenden Raum einwählen.

Biografiearbeit mit Gegenständen

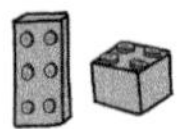

Vorstellungsrunde: Die Schlüsselbundvorstellung

Die Arbeit mit dem Schlüsselbund ermöglicht das Einsetzen sinnbildlicher Impulsfragen wie „Welche Tür(en) möchte ich mir heute eröffnen?" und „Welcher Schlüssel passt in das Schloss meiner biografischen Schatzkiste?". Darüber hinaus sind die persönlichen Schlüssel, die ein Mensch (täglich) mit sich führt, von biografischer Bedeutung und verraten Lebensgeschichten, die gerne im Plenum miteinander geteilt werden dürfen.

Die Teilnehmer*innen halten ihren Schlüsselbund bereit und lassen die eingeleiteten Impulsfragen auf sich wirken. Der/die Teilnehmer*in, der/die beginnen möchte, teilt die Antworten und eine biografische Geschichte zum eigenen Schlüsselbund. Anschließend gibt die Person an eine/n andere/n Teilnehmer*in symbolisch einen Schlüssel weiter.[4]

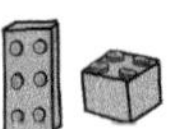

Der Lebenskoffer

Der klassische Koffer oder Rucksack, der mit Gegenständen gefüllt ist, die verschiedene Lebenspunkte entlang des roten Fadens symbolisieren sollen (Babymützchen, Geburtsurkunde, Parfümfläschchen, Kleidungsstücke, Landkarte, Frühstücksdose, Knöpfe u. v. m.) lädt auch online dazu ein, sich zurückzulehnen, den roten Faden (aus der Vorfreude-Post) in die Hände zu nehmen und in Erinnerungen zu schwelgen. Jede*r assoziiert etwas zu bestimmten Gegenständen – die Arbeit mit dem Lebenskoffer ist eine öffnende Methode: Durch gezielte Impulsfragen und/oder Impulsaussagen können die Teilnehmer*innen ins Erinnern geführt werden. Diese Methode erleben wir häufig in sehr andächtiger Stimmung im Plenum, da sie die Teilnehmer*innen zur Innenschau führt und als intensiv erlebt wird. Beim Einsatz von Gegenständen helfen folgende drei Hinweise:

- Die Trainer*innen positionieren den PC bzw. die Kamera so, dass nicht das Gesicht, sondern der Oberkörper (Arm- und Handbereich) gut zu se-

4 Für diese Methode eignet es sich, mit der Vorfreude-Post einen kleinen Schlüssel zu versenden.

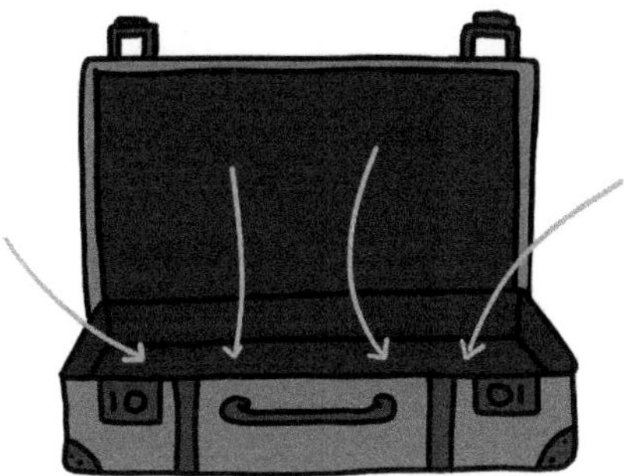

hen ist, denn in dieser Methode geht es nicht um die Trainer*innen, sondern um die Gegenstände, die nacheinander über die Kamera präsentiert werden.

- Die Teilnehmer*innen können die Trainer*innen bzw. deren Profilansicht im digitalen Raum fokussieren, sodass neben der Präsentation nur der/die Trainer*in zu sehen ist.
- Jeder Gegenstand wird fotografiert und nacheinander entlang des roten Fadens auch auf der Präsentation angezeigt.

Die Handtaschengeschichten

Mit dem Einsatz der persönlichen Handtasche (alternativ auch Rucksack o. ä.) wird die persönliche Biografie der Teilnehmer*innen im Online-Meeting lebendig. Die Teilnehmer*innen werden gebeten, aus der Handtasche einen Gegenstand auszuwählen, der für sie wichtig ist. Der Gegenstand darf gezeigt und beschrieben werden. Natürlich sind alle Anwesenden neugierig, wozu ausgerechnet dieser Gegenstand der (tägliche) Begleiter ist. Die Handtaschengeschichten eignen sich besonders zum Einstieg z. B. in einer Vorstellungsrunde.

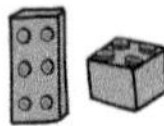

Von Kachel zu Kachel

Eine beliebte Methode im Online-Meeting ist das Weitergeben eines Gegenstandes von „Kachel zu Kachel“ auf dem Bildschirm, bzw. zu anderen Teilnehmer*innen. Die Trainer*innen beginnen z. B. eine Reflexionsrunde mit einem Ball. Dieser Ball wird dann an eine/n Teilnehmer*in weitergegeben mit den Worten: „Ich gebe meinen Ball nach rechts an ‚Name des/der Teilnehmers/Teilnehmerin‘“, dabei verschwindet der Ball vom Bildschirm in die entsprechende Richtung, von wo aus der Ball „entgegengenommen“ wird. Aus einem Ball kann dann auch ein anderer Gegenstand werden, z. B. eine Holzfigur. So geht es reihum, bis jede*r dran war. Diese Methode dient der Auflockerung und Gestaltung des digitalen Raumes.

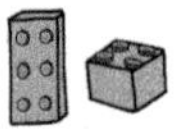

In Bildern sprechen

Mithilfe von Bildkarten bzw. Kartensets fällt es Menschen häufig leichter, sich auszudrücken und/oder ins Erinnern zu kommen. Der Mensch speichert seine Erfahrungen und Erlebnisse in Bildern und nicht in Worten ab. Diese inneren Bilder können ein Sprachrohr sein: die Sprache der Bilder. Durch den Einsatz von Bildern und/oder Kartensets können gezielte oder offene Impulse gesetzt werden. Die Arbeit mit Bildern eignet sich zudem besonders für Menschen, die sich z. B. in Wort und Schrift nicht ausdrücken können oder möchten. Die „Lebensstil-Karten“, „Hut-Karten“ und die „Dreamcards“ (Materialien zur persönlichen Zukunftsplanung[5]) sind zukunftsorientierte Impulskarten, die mit einfachen Bildern bzw. Zeichnungen und in „Leichter Sprache“[6] gestaltet sind und ursprünglich für Menschen mit Beeinträchtigungen entwickelt wurden. Die Lebensstil-Karten lassen die eigene Lebenssituation reflektieren und richten den Blick auf die Lebensplanung: Wie lebe ich jetzt? Wie möchte ich leben? Die Hut-Karten heben Stärken und Fähigkeiten hervor und regen dazu an, die verschiedenen Rollen im Leben sichtbar zu machen: Welche Lebens-Hüte trage ich? Wünsche und Träume wahrzunehmen und zu benennen, kleine und große Träume betrachten: Was wünsche ich mir für meine Zukunft? Die Dreamcards unterstützen darin, die eigenen Wünsche zu kennen bzw. kennenzulernen. Eine weitere Möglichkeit für den Einsatz von Bildkarten ist es, verschiedene Karten auf einer Folie abzubilden. Die Teilnehmer*innen dürfen sich eine auswählen und sich anhand dieser z. B. vorstellen oder inhaltlich weiterarbeiten (z. B. dazu einen Text schreiben).

---

5 Vgl. Doose, S., in: Netzwerk Persönliche Zukunftsplanung (Hg.), Kartenset: Persönliche Zukunftsplanung (2013).

6 Informationen zur „Leichten Sprache“ sind in Kapitel 4 zu lesen.

Darüber hinaus ist der Einsatz von Bildern und/oder Karten sehr einfach selbst zu gestalten: Collagen, Zeitungen, Postkarten, Fotos und viele weitere Materialien lassen sich in der Biografiearbeit als anregende Impulse nutzen. Für das Online-Setting lassen sich die Bildkarten entweder mit der Vorfreude-Post[7] versenden und/oder in einer Präsentation verwenden. Das gemeinsame Erstellen einer Collage aus Zeitungsresten ist eine Variante, mit Bildern zu arbeiten, die sich online gut umsetzen lässt. Nicht zu vergessen natürlich ein Klassiker der digitalen Arbeit mit Fotos: die Frage nach einem Bild auf dem Smartphone.

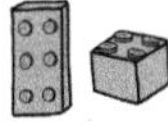

Musik bewegt und berührt, Musik vereint die Menschen

Musik kann Nähe und Verbindungen herstellen, Erinnerungen erzeugen und dient darüber hinaus meist einem lockeren Gesprächsaustausch.

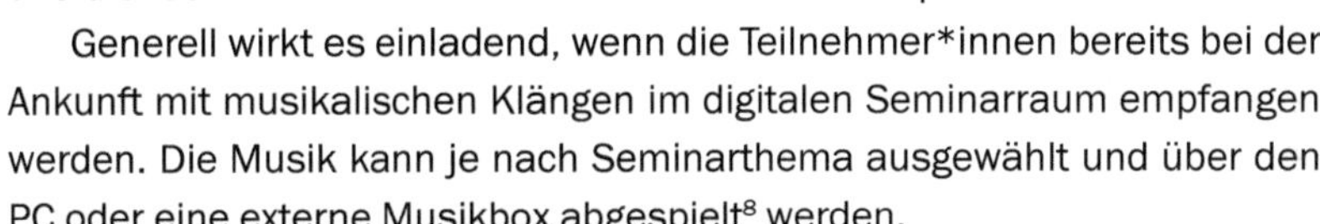

Generell wirkt es einladend, wenn die Teilnehmer*innen bereits bei der Ankunft mit musikalischen Klängen im digitalen Seminarraum empfangen werden. Die Musik kann je nach Seminarthema ausgewählt und über den PC oder eine externe Musikbox abgespielt[8] werden.

Grundsätzlich können biografische Impulse zum Thema Musik vielseitig eingesetzt werden. So kann Musik z. B. ein Bindeglied zwischen verschiedenen Kulturen[9] darstellen und Menschen zusammenbringen. Hier kann jedoch die eigene (familiäre) Musikkultur zum Thema des Online-Meetings gemacht werden, z. B. mithilfe von Impulsfragen wie:

- Welche Rolle spielte Musik in meiner Kindheit?
- Welches Konzert hat mich besonders berührt und was genau?

7 Der Einsatz einer Vorfreude-Post wird in Kapitel 3 ausführlich beschrieben.

8 Wir empfehlen das Abspielen der Musik über ein externes Gerät. Wird Musik direkt vom PC aus über das Internet abgerufen und abgespielt, kann dies aufgrund von möglichen Störungen der Internetverbindung zu Klangverlust bei der Übertragung in das Online-Meeting führen.

9 Die Stränge der Biografiearbeit, u. a. der Kulturbiografie, sind in Kapitel 4 erläutert.

- Habe ich ein Instrument gelernt? Welches? Spiele ich es noch heute?
- Welches Lied ist mein Lieblingslied und was drückt dieses Lied aus?

Diese Fragen werden zunächst im Austausch in der Kleingruppe miteinander erinnert. Anschließend haben die Teilnehmer*innen die Möglichkeit, ein für sie ganz besonderes Lied in Einzelarbeit (Kamera und Ton aus) anzuhören. Durch das Anhören der Musik und das Ansprechen bzw. Aktivieren der Sinne, können sie sich dabei erst einmal „hineinspüren". Anschließend werden die Erinnerungen schriftlich, z. B. in einem Elfchen,[10] zusammengefasst und festgehalten.

Während Online-Meetings, z. B. während Plenumsrunden, in welchen die Redezeit der Teilnehmer*innen zeitlich begrenzt ist, lässt sich gut mit einer Klangschale arbeiten. Der zarte Gong ertönt und ist das Zeichen, dass der/die nächste Teilnehmer*in an der Reihe ist. Die Klangschale kann während Einzelarbeitszeiten genutzt werden, um darauf aufmerksam zu machen, dass alle wieder in die Plenumsrunde zurückkommen. Natürlich darf die Klangschale bei Entspannungs- und Meditationseinheiten gerne zum Ein- bzw. Ausklang eigesetzt werden.

Sag's doch mit Musik

Eine weitere Möglichkeit, die online sehr gut funktioniert, ist die Arbeit mit Musik. Musik als Impuls lässt sich aus der analogen in die digitale Welt transportieren. Musik ist ein Medium, das berühren und Erinnerungen wecken kann. Über ausgewählte Musikstücke, z. B. „Nummer eins"-Hits der letzten Jahre lassen sich die drei Lebenszeiten der Vergangenheit, der Gegenwart und der Zukunft gezielt beleuchten. Die spezifischen Erinnerungen werden wachgerüttelt, miteinander ausgetauscht und können beglückend wirken.

---

10 Ein „Elfchen" ist ein aus elf Wörtern bestehendes Gedicht, die sich auf fünf Verszeilen verteilen. In der ersten Zeile steht ein Wort, in der zweiten Zeile zwei, in der dritten Zeile drei, in der vierten Zeile vier Wörter und die letzte Zeile wieder aus einem Wort (ggf. dasselbe wie in der ersten Zeile). Ein Beispiel-Elfchen befindet sich im Anhang.

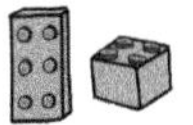

„Es war einmal …“

Ein weiterer und biografisch auf mehreren Ebenen berührender Themenbereich ist der Blick in die eigene Biografie mit dem Einsatz von Märchen. Märchen befassen sich mit unterschiedlichen, zeitlosen Lebensthemen und spielen in vielen Kulturkreisen eine Rolle. Den Inhalt eines Märchens auf die eigene Biografie und das eigene (Er-)Leben zu beziehen, ermöglicht einen Zugang zur eigenen Lebensgeschichte[11] und eröffnet neue Perspektiven. Der digitale Raum lässt sich optimal zum Vorlesen eines Märchens nutzen. Die Teilnehmer*innen können eine Kerze anzünden, sich gemütlich zurücklehnen, die Augen schließen und sich selbst damit eine wohltuende Atmosphäre schaffen (was im Analog-Seminar deutlich schwieriger funktioniert). Dabei lauschen sie dem Märchen.

Das anschließende Beleuchten bestimmter Aussagen der Protagonist*innen eines Märchens und den Austausch darüber, wie jede*r sich im Hier und Jetzt in der Rolle der Märchenfigur fühlt, schafft einen tiefen, inneren Einblick und Berührung zu sich selbst. Solche intensiven Einheiten sind oft entweder sehr lebendig oder sehr ruhig und in bedächtiger Stille. Es kann durchaus vorkommen, dass Teilnehmer*innen während einer „Märcheneinheit“ sprachlos sind, weil die Betrachtung aus der eigenen Biografie heraus so tief berührt. Ein weiterer Berührungspunkt ist dabei die Sichtweise der anderen Teilnehmer*innen, die auf deren Haltung und Werte hinweist und wir so wiederum neue, andere Perspektiven aufgezeigt bekommen. Für diese durchaus sensiblen Themen halten wir als Trainerinnen für Biografiearbeit den Transfer in den digitalen Raum für besonders bereichernd, da die Teilnehmer*innen die Möglichkeit haben, ganz für sich an ihrem vertrauten Platz zu sein, wo das vertraute Umfeld weitere Berührungspunkte für biografische Themen bieten kann.

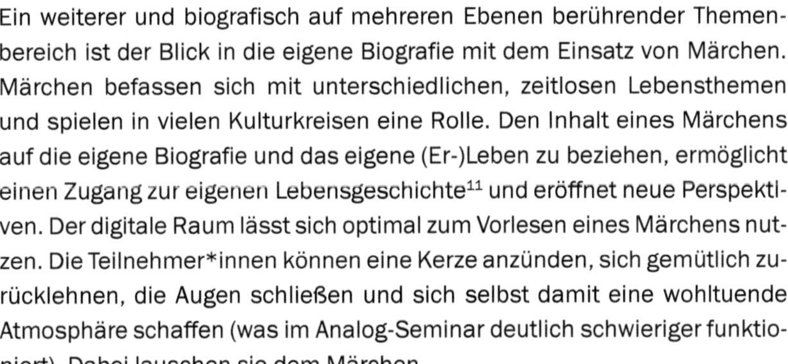

11 Vgl. Kaya/Kahlau (2021), S. 6.

ABC-Darium

Die Teilnehmer*innen werden aufgefordert, das komplette ABC untereinander auf ein Blatt Papier zu schreiben. Jede*r für sich sammelt nun Begriffe zum Thema Biografiearbeit. Zu jedem Buchstaben dürfen gerne auch mehrere Begriffe gefunden werden. Es besteht kein Anspruch auf Vollständigkeit. Der/die Trainer*in bittet anschließend darum, zehn Begriffe (je nach Gruppengröße mehr oder weniger) aus dem ABC-Darium zu unterstreichen. Diese Begriffe können anschließend im Plenum gemeinsam zusammengetragen und festgehalten werden. Als Anschlussmethode eignet sich eine Wortwolke.

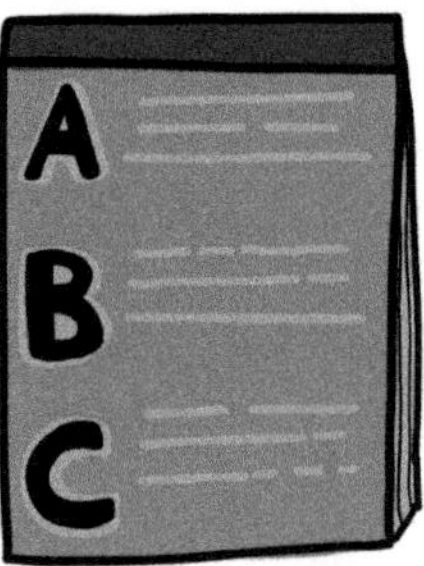

Die Methode des ABC-Dariums bietet sich für viele Themen an, so kann man z. B. auch ein ABC-Darium zum Thema „Was beglückt mich im Leben?" oder zum Thema „Bücher meines Lebens" erstellen. Die Teilnehmer*innen sollen die Liste möglichst intuitiv ausfüllen. So entsteht eine schöne Sammlung, die dann im Plenum ausgetauscht werden kann. Entweder jede/r Teilnehmer*in liest seine/ihre gesamte Liste vor oder es geht reihum (wobei es sich bewährt hat, dass der/die Trainer*in die Reihenfolge vorgibt, da meistens nicht alle die gleiche Anordnung der Bilder am Bildschirm haben) und jede/r liest zu jeweils einem Buchstaben einen Begriff vor.

Auch zum Sammeln von Ideen während der Vorbereitung eines bestimmten Seminarthemas eignet sich diese Methode sehr gut.

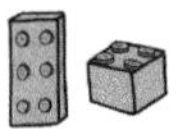

Wortwolke

An das ABC-Darium anschließend können die Teilnehmer*innen ihre ausgewählten Begriffe in einem Wortwolken-Generator eingeben. Eine Wortwolke ist eine Sammlung verschiedener Begriffe zu einem bestimmten Thema oder einer bestimmten Fragestellung.

Sie entsteht durch die Anzahl der Nennung gleicher Begriffe, die dann größer bzw. kleiner angezeigt werden. Je mehr Teilnehmer*innen beispielsweise den Begriff „Biografiearbeit" nennen, desto größer wird dieser Begriff

dargestellt. Diese lässt sich anschließend auf der Online-Präsentation im Plenum darstellen.

Zur Sicherung des Lernerfolges kann die Wortwolke eine gute Möglichkeit darstellen. In diesem Fall ist es das Ziel, das Gelernte in den eigenen (Berufs-)Alltag zu transferieren. So kann z. B. die Fragestellung für die Wortwolke lauten: „Welche drei Dinge werde ich zeitnah umsetzen?".

Lieblingsplatz

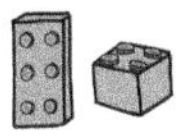

Die Teilnehmer*innen suchen ein Foto heraus (original oder am Smartphone), welches ihren Lieblingsplatz zeigt. In Zweiergruppen tauschen sich die Teilnehmer*innen darüber aus, erzählen von ihrem Lieblingsplatz und erfahren etwas über den Lieblingsplatz ihres Gegenübers. Das Foto zeigen sich die Teilnehmer*innen anschließend gegenseitig.

Nach der Gruppenarbeit schreiben die Teilnehmer*innen in einer Einzelarbeit ein Elfchen zu ihrem Foto bzw. Lieblingsplatz oder zum Foto bzw. Lieblingsplatz des Gruppenpartners bzw. der Gruppenpartnerin. Im Plenum werden nun alle Elfchen reihum vorgelesen. Hier gilt natürlich auch das Prinzip der Freiwilligkeit. So entstehen Bilder in den Köpfen aller Teilnehmer*innen. Als Abschluss könnten die Teilnehmer*innen das Original-Foto in die Kamera zeigen.

Dieses Feuer nehme ich mit

Reflexionsrunden tendieren unserer Erfahrung nach dazu, sich in die Länge zu ziehen. Eine gute Methode gibt also genügend, aber nicht zu viel Redezeit für den bzw. die Einzelne*n. Die/der Trainer*in hält nun ein Streichholz bereit oder bittet die Teilnehmer*innen im Voraus, Streichhölzer bereitzulegen. Solange das Streichholz brennt, darf die Frage „Welches Feuer ist in dir entfacht?“ beantwortet werden.

5.2 Ermunternde Energizer

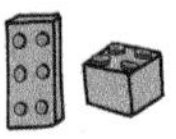

Das Arm-ABC

Das Arm-ABC[12] beansprucht beide Gehirnhälften, macht Laune und bringt Bewegung in ein Online-Setting! Die Trainer*innen präsentieren über ihren Bildschirm das komplette ABC. Unter jedem Buchstaben steht entweder ein L für links; ein R für rechts oder ein Z für zusammen. Die Teilnehmer*innen werden gebeten, sich vor ihrem PC aufrecht hinzustellen. Gemeinsam wird das ABC laut und langsam aufgesagt. Steht unter dem jeweiligen Buchstaben ein L, wird die linke Hand gehoben, bei einem R die rechte Hand und bei einem Z beide Hände zusammen.

Augengymnastik

Die Augen sind im Online-Format besonders gefordert und so bewährt es sich, ab und zu eine Sequenz zur Entspannung der Augen einzuschalten.

12 Eine Vorlage befindet sich im Anhang.

Hier werden die Augen langsam zuerst nach rechts und dann nach links gerollt, d. h. nach oben, nach rechts, nach unten, nach links und dann wieder nach oben. Dann gibt es einen Richtungswechsel, der am besten angesagt wird. Anschließend folgt ein Blick in die Ferne und einer in die Nähe, indem die eigene Handfläche genau betrachtet wird. Anschließend werden beide Handflächen aneinander gerieben und somit Energie aufgebaut. Die Hände werden dann mit der Handfläche auf der Seite der Augen locker über die Augen gelegt und diese können sich so wunderbar erholen.

Obst pflücken

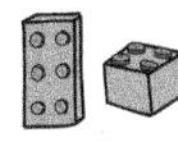

Diese Energie-Runde wird am besten mit einem Foto mehrerer Obstsorten oder -bäume am Bildschirm begonnen. Die Aufgabe ist es dann, aufzustehen und sich nach den süßesten Früchten zu strecken und zu bücken. Der/die Trainer*in kann hierbei noch Tipps geben, wo die besten Früchte zu finden sind, und so die Teilnehmer*innen zusätzlich motivieren.

Schultern lockern

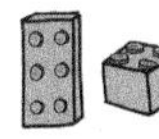

Wer am Bildschirm sitzt, zieht oft unbewusst die Schultern hoch, obwohl es nicht nötig ist. Dies kann zu Verspannungen im Schulterbereich führen. Hier bewährt es sich, die Teilnehmer*innen anzuleiten, die Schultern bewusst hochzuheben, sie einige Sekunden so zu halten und dann bewusst zu ent-

spannen, indem sie locker, aber mit Schwung gesenkt werden dürfen. Diese Übung wird einige Male wiederholt und zeigt zeitnah den Effekt der Entspannung.

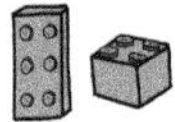

Body-Scan

Ein sogenannter „Body-Scan“ eignet sich online sehr gut. Hier bittet der/die Trainer*in die Teilnehmer*innen, sich bequem hinzusetzen und die Augen zu schließen. In dem Fall kann natürlich die Kamera ausgeschaltet oder verdeckt werden, sodass noch mehr Privatsphäre bewahrt wird. Dies hat allerdings den Nachteil, dass der/die Trainer*in nicht weiß, ob die Teilnehmer*innen mitmachen oder sich mit etwas anderem beschäftigen. Nun geht der/die Trainer*in gedanklich alle Körperteile und -regionen von den Füßen bis zum Kopf durch und spricht dabei, welche Zone gerade an der Reihe ist. Es geht darum, diese achtsam wahrzunehmen und eventuelle Verspannungen bewusst zu lockern. Danach noch ein paar bewusste Atemzüge und das Miteinander-Arbeiten kann fortgesetzt werden. In dieser Art und Weise können z. B. auch Fantasiereisen angeleitet werden, die zum biografischen Arbeiten sehr gut passen.

Hier sei auch die Imaginationsübung nochmals erwähnt, die, wie in Kapitel 4 beschrieben, im Falle von Verunsicherung und Furcht hilfreich sein kann. In diesem Fall werden die Teilnehmer*innen in eine Entspannung geführt. In einer anschließenden Fantasie-Reise können diese sich einen innerlichen, sicheren Ort schaffen, an den sie gedanklich immer wieder zurückkehren können. Anschließend ist es wichtig, die Reise langsam zu beenden und die Teilnehmer*innen wieder bewusst in den „Raum“ zurückzuholen. Ein Blick in die Runde ist hilfreich, um festzustellen, ob es den Teilnehmer*innen gutgeht, bzw. es kann ggf. auch eine kurze Abfrage nach dem Befinden durchgeführt werden.

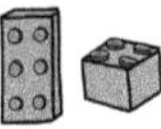

Das große Stöhnen

Hier darf das Mikrofon ausgeschaltet werden oder auch eingeschaltet bleiben – je nach Vertrautheit der Gruppe. Bei dieser Übung werden die Schultern so hoch gezogen, wie es nur geht, und danach mit einem herzhaften Stöhnen oder Seufzen nach unten fallengelassen. Eine andere Variante wäre, sich zuerst bewusst groß zu machen und den Oberkörper dann mit einem lauten Stöhnen nach vorn fallenzulassen. Die Arme dürfen dabei locker neben dem Kopf schaukeln. Diese Übung kann auch sitzend durchgeführt werden.

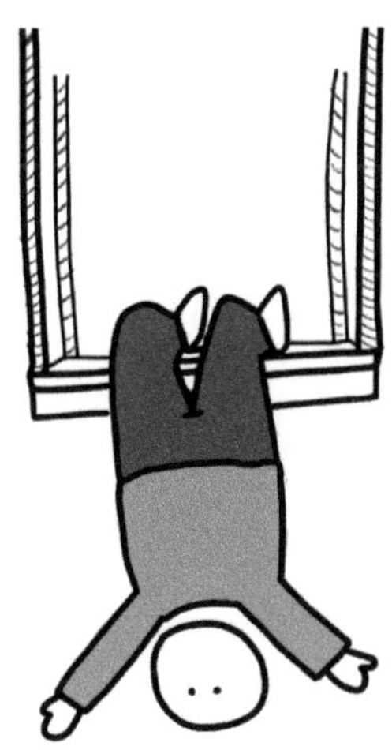

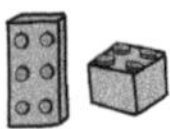

Das JA zum Leben

Alle Teilnehmer*innen dürfen aufstehen, dann gleichzeitig mit einem Bein in den Boden stampfen und dabei beide Hände zu Fäusten ballen und bis zum Ellbogen von unten nach oben ziehen. Wichtig ist diese Aufwärtsbewegung. Dabei wird laut JA gerufen. Diese Übung kann noch ausgebaut werden, indem man sagt: „Ja, ich bin der/die … und es ist gut, dass es mich gibt." Da Biografiearbeit im besten Fall die Wirkung einer Lebensbejahung hat, passt diese Übung wunderbar.

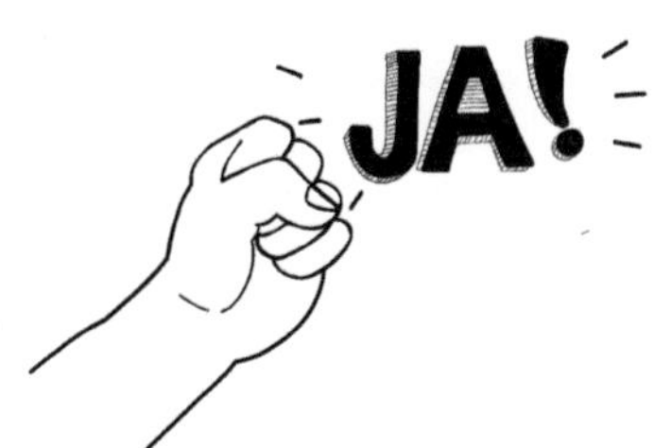

5.3 Kreative Methoden mit der Chatfunktion

Im Online-Meeting ist die Chat-Funktion[13]als zusätzliches Kommunikationstool wertvoll und bereichernd einsetzbar. Nachfolgend stellen wir einige Methoden mit der Chat-Funktion exemplarisch vor.

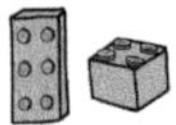

Direktnachrichten

Über den Chat lassen sich direkte Nachrichten an ausgewählte Teilnehmer*innen versenden. Diese Funktion lässt sich immer dann nutzen, wenn jemand eine gezielte Nachfrage an eine andere Person stellen möchte. Ebenso für „Zwischengespräche", gleich dem Zuflüstern an den/die Sitznachbar*in im Analog-Seminar, wird der Chat im digitalen Raum verwendet.

Chat-Gespräch

Eine biografische Einheit über den Chat durchzuführen ist eine interessante Variante, sich non-verbal zu begegnen und miteinander in Kommunikation zu treten. Der/die Trainer*in bittet hierzu jeweils zwei Personen, einen direkten Chat zu starten. Die beiden Teilnehmer*innen erhalten die Frage: Wer oder was hat Sie in der letzten Zeit beeindruckt und inspiriert? Der Chat wird nun dafür genutzt, sich schriftlich gegenseitig zu dieser Frage zu „unterhalten".[14]

---

13 In Kapitel 2 erläutert.

14 Diese Methode ist sehr gut geeignet als „Lückenfüller", als Plan B, um den Teilnehmer*innen attraktive Impulse zu bieten, wenn es technische Störungen (z. B. bei anderen Teilnehmer*innen) gibt.

Gruppenchat

Der Gruppenchat bildet die Grundlage, um als Einzelperson mit den anderen Teilnehmer*innen in Kontakt zu treten und ein Anliegen oder eine Frage in die große Runde zu geben. Weiterhin ist er natürlich von funktionaler Bedeutung für sämtliche kreative Methoden der Biografiearbeit, die über die Chat-Funktion stattfinden. Eine biografische Methode, die sich für den Gruppenchat eignet, ist der Zeitstrahl. Die Teilnehmer*innen bekommen den Auftrag, ihr Geburtsdatum in den Chat zu schreiben. Mittels Kommunikation über die Kamera- und Tonfunktion kommen alle miteinander in den Austausch, um eine chronologische Reihenfolge herzustellen. Alle untereinander müssen sich hier gut verständigen bzw. parallel die Geburtsdaten aus dem Gruppenchat miteinbeziehen.

Unterstützung einfordern

Gerade in Seminaren, die im digitalen Raum stattfinden, kann es häufiger vorkommen, dass die Teilnehmer*innen Unterstützung benötigen. Besonders hilfreich ist der Chat, wenn Ton und/oder Kamera nicht funktionieren. Der/die Teilnehmer*in kann via Chat auf sich aufmerksam machen und Unterstützung durch andere Teilnehmer*innen und/oder den/die Trainer*in einfordern.

Auch in den Kleingruppenräumen ist es durch eine bestimmte Funktion möglich, dass die Teilnehmer*innen die Unterstützung durch den/die Trainer*in einfordern.

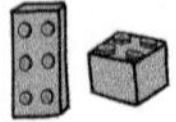

#Hashtags

Als Einstiegsmethode im digitalen Begegnungsraum werden die Teilnehmer*innen aufgefordert, drei Hashtags[15] (#) oder beliebig viele z. B. damit zu benennen, wie es ihnen gerade geht, wie sie sich fühlen und wie sie im digitalen Raum angekommen sind.

Als Ausstieg können die Teilnehmer*innen erneut gebeten werden, wie es ihnen am Ende des Online-Meetings geht, was sie für sich mitnehmen und wie sie aus dem Online-Meeting gehen.

Natürlich eignet sich diese Abfrage zu jeder Zeit des Online-Meetings und zu verschiedenen Themenvorgaben.[16]

#GUT
#NEUGIERIG
#KOMMEVONDERARBEIT
#INSPIRIERT

Dokumente, Fotos und Links teilen

Über den Chat haben sowohl die Trainer*innen als auch die Teilnehmer*innen die Möglichkeit, Dokumente, Fotos und Links miteinander zu teilen. Jede*r hat dann die Möglichkeit, die Materialien und Informationen direkt am eigenen PC zu öffnen, ggf. herunterzuladen und weiter damit zu arbeiten.

In der Biografiearbeit können (kleinere) Filme oder Kurzvideos kreativ zum Einsatz kommen. Da das Abspielen von größeren Dateien zu Störungen der Internetverbindung führen kann, wenn es über den Bildschirm des Trainers bzw. der Trainerin abgespielt bzw. geteilt wird, ist es eine gute Alternative, den Link zum Material per Chat zu senden. Alle Teilnehmer*innen können die Datei so über den eigenen PC bzw. die eigene Verbindung störungsfrei ansehen.

15 Ein Hashtag (#) dient dazu (insbesondere in den Sozialen Medien), ein Schlagwort hervorzuheben und auffindbar zu machen.

16 Auch diese Methode ist sehr gut geeignet als „Lückenfüller“, als Plan B, um den Teilnehmer*innen attraktive Impulse zu bieten, wenn es technische Störungen (z. B. bei anderen Teilnehmer*innen) gibt.

Fragen & fragen

Durch die Chatfunktion haben Teilnehmer*innen jederzeit die Möglichkeit, Fragen zu stellen. Während eines Vortrages oder einer Präsentation im Online-Meeting eignet sich der Chat als Plattform zum Sammeln von Fragen. Die Teilnehmer*innen können dem Vortrag aufmerksam folgen und ihre aufkommenden, konkreten Fragen währenddessen in den Chat schreiben. Diese Methode eignet sich besonders dann, wenn es sehr viele Teilnehmer*innen sind, z.B. bei einem Fachtag oder einem Forum. Die klassische Fragerunde kann im Anschluss Frage für Frage durchgegangen werden.

Für Gruppenarbeitsphasen können vorab spezifische Fragen oder die Aufgabenstellung in den Chat geschrieben werden. In den externen Gruppenräumen können die Teilnehmer*innen auf die Fragen/Aufgaben zurückgreifen und sie bearbeiten.

Speiseplan

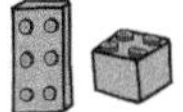

Zu biografischen Themen gehören auch immer kulinarische Vorlieben. Diese lassen sich mit der Überschrift „Biografisches Buffet" via Chat sammeln. Die Teilnehmer*innen können eintragen, was sie als Kind gerne gegessen haben; welches Gericht (bis) heute ihr Lieblingsgericht ist oder was es heute zu essen gab/gibt.

Wir als Trainerinnen für Biografiearbeit nutzen die Frage „Was gab es heute zum Mittagessen?“ nach der Mittagspause gerne über die Chat-Funktion und beobachten dabei, dass dies eine Form des Austausches ist, in der es um konkrete Vorlieben geht, die den Teilnehmer*innen gut gefällt. Weiterführend nutzen wir die Eintragungen im Anschluss als „Speiseplan“ im Handout.[17]

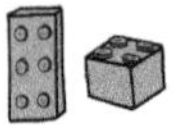

Chat-Wasserfall

Die Teilnehmer*innen werden aufgefordert, eine Wortsammlung oder einzelne Begriffe (je nach Größe der Gruppe) zu einem Thema zu notieren. Ein biografisches Thema könnten Lieblingsbücher des Lebens sein mit der Frage: Welches war Ihr Lieblingsbuch in der Kindheit? Welches Buch würden Sie aktuell weiterempfehlen? Welches Buch steht auf Ihrer „Leseliste“?

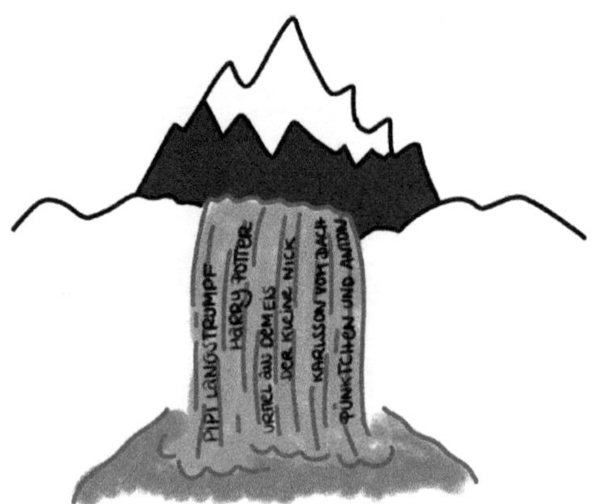

17 Auch diese Methode ist sehr gut geeignet als „Lückenfüller“, als Plan B, um den Teilnehmer*innen attraktive Impulse zu bieten, wenn es technische Störungen (z. B. bei anderen Teilnehmer*innen) gibt.

Die Teilnehmer*innen schreiben ihre Antwort in den Chat, schicken sie jedoch noch nicht ab. Erst wenn jede*r alle Antworten notiert hat, gibt der/die Trainer*in das Kommando: drei, zwei, eins – abschicken. Alle Teilnehmer*innen senden gleichzeitig ihre Antworten. So entsteht ein Wasserfall, auch „Chat-Dusche“ genannt, der alle Antworten herunterfließen lässt und für Erstaunen und Begeisterung sorgt.

Ein-Wort-Geschichte

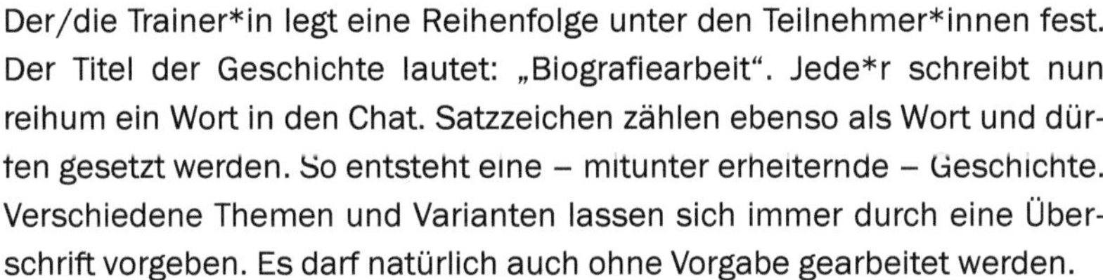

Der/die Trainer*in legt eine Reihenfolge unter den Teilnehmer*innen fest. Der Titel der Geschichte lautet: „Biografiearbeit“. Jede*r schreibt nun reihum ein Wort in den Chat. Satzzeichen zählen ebenso als Wort und dürfen gesetzt werden. So entsteht eine – mitunter erheiternde – Geschichte. Verschiedene Themen und Varianten lassen sich immer durch eine Überschrift vorgeben. Es darf natürlich auch ohne Vorgabe gearbeitet werden.

Die jeweiligen Wörter dürfen reihum laut gesagt werden. Der Chat bietet allerdings die Möglichkeit, die entstehende Geschichte direkt abzuspeichern und allen Teilnehmer*innen zur Verfügung zu stellen. So wird diese Methode gleich attraktiver gegenüber eines Seminares im analogen Raum.[18]

Wortspiele

Der/die Trainer*in fängt an, ein doppeltes Substantiv in den Chat zu schreiben. Reihum soll nun jede/r mit dem zweiten Teil des ersten Wortes ein neues Wort[19] bilden. Beispiel:

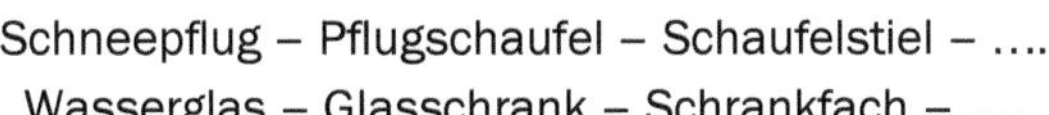

Schneepflug – Pflugschaufel – Schaufelstiel – ….
Wasserglas – Glasschrank – Schrankfach – ….

Emoticons

Die Chat-Funktion bietet die Möglichkeit, über verschiedene Emoticons eine Abfrage zu eröffnen. Mittels der gängigsten Emojis kann die persönliche Sichtweise nach einer Arbeitseinheit gezielt abgefragt werden.

Eine Variante für die Biografiearbeit ist es, dass jeweils ein/e Teilnehmer*in eine Geschichte nur mithilfe der Emojis erzählt. Die anderen sind

18 Auch diese Methode ist sehr gut geeignet als „Lückenfüller“, als Plan B, um den Teilnehmer*innen attraktive Impulse zu bieten, wenn es technische Störungen (z.B. bei anderen Teilnehmer*innen) gibt.

19 Siehe vorhergehende Fußnote 19.

aufgefordert, diese Geschichte dann in Worte zu fassen. Diese Methode kann sehr erheiternd sein und einen Einblick in die Geschichte der einzelnen Menschen geben.

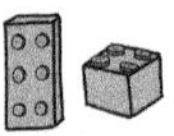

Reflexion

Reflexionsrunden sind wichtig und können mitunter sehr ausgedehnt gestaltet werden. Eine kurzweilige Alternative bietet die Reflexion über den Chat.

Hierfür eignet sich beispielsweise die Frage „Was nehmen Sie aus dem heutigen Seminar für sich persönlich mit?“ und damit verbunden die Aufforderung dazu, dies in einem Wort oder in einem Satz zusammenzufassen. Besonders, wenn die Zeit am Ende zu knapp ist und die Beteiligten dennoch nicht auf eine Reflexion verzichten möchten, ist diese Methode zielführend.

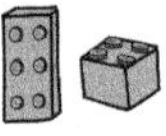

Medien früher und heute

Über die verschiedenen Methoden, die via Chat genutzt werden können, lohnt sich der biografische Blick in die persönliche Medien-Biografie:

- Welche Medien habe ich früher genutzt? (z. B. das erste Mobiltelefon, Chat-Programme, Social Media Netzwerke, PC/Laptop etc.)
- Wofür?

- Was hat sich in diesen digitalen Möglichkeiten für mich bis heute verändert?
- In welcher Form nutze ich heute Chats oder Messenger, um mit anderen Menschen in Kontakt zu treten?

5.4 Kurz und gut: Wohlbefinden checken

Fünf-Finger-Feedback

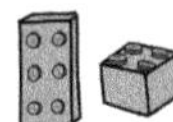

Dieses aus analogen Settings bekannte Feedback kann gut auf *Biografiearbeit Online* übertragen werden:

- *Daumen:* Daumen hoch für …
- *Zeigefinger:* Auf das möchte ich hinweisen.
- *Mittelfinger:* Das hat mir nicht so gut gefallen.
- *Ringfinger:* Das ist mir wertvoll.
- *Kleiner Finger:* Das kam zu kurz.

Hier kann eine Folie mit einer Hand vorbereitet und mit den Fragen beschriftet werden.

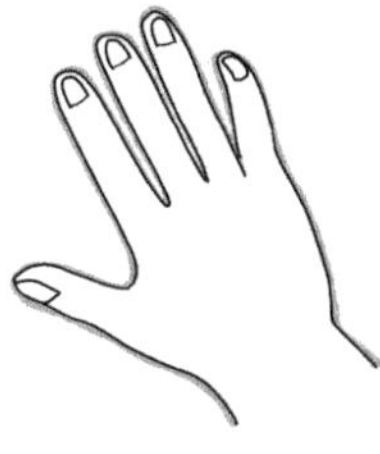

Wenn die Zeit drängt, können die Teilnehmer*innen auch in Kleingruppen geschickt werden und gemeinsam ein Feedback erarbeiten.

Stimmungsstempel

Als kurze Möglichkeit der Stimmungsabfrage eignet sich ein Bild mit verschiedenen Smileys. Die Teilnehmer*innen sollen nun mithilfe des Werkzeuges einen Stempel bei dem Smiley anbringen, der ihrer Stimmung am nächsten kommt. Wenn einige Stempel besonders glücklich oder traurig sind, ist es gut, nachzufragen, warum der Stempel da gelandet ist. Erfahrungsgemäß hat es oft nichts mit dem Online-Meeting zu tun, sondern hat die Ursache eher im privaten Bereich. Dieses Stimmungsbild kann gespeichert und im Nachklang verschickt werden.

Eine einfache, aufgezeichnete Linie ermöglicht viele Fragen und Stimmungsabfragen. So kann z. B. zu Beginn eines Online-Meetings ein Stimmungsbild darüber abgefragt werden, wer wie viel Erfahrung mitbringt.

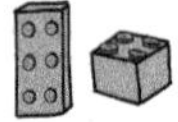

Energielevel

Im Laufe eines Online-Meetings sinkt das Energielevel manchmal bedeutend ab. Eine Möglichkeit, den Energiestand abzufragen: Die Teilnehmer*innen zeigen in die Kamera, dass der Tank in Höhe des Kinns ganz leer und am oberen Ende des Kopfes der Tank ganz voll ist. Sie zeigen damit an, wo sich ihr Energielevel ungefähr befindet. Damit entsteht ein Eindruck über den „Zustand“ der Teilnehmer*innen. Die weiteren Methoden können entsprechend darauf abgestimmt werden.

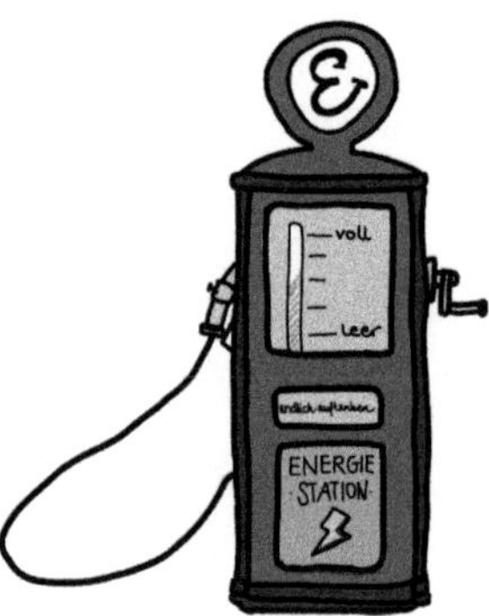

5.5 Begleitende Methoden für das Self-paced learning

Insbesondere bei Online-Meetings, die aus mehreren Modulen bestehen, bekommt das Self-paced learning eine bedeutende Rolle zugewiesen. Neben der eigenen Reflexion der Seminarinhalte und des anschließenden Handouts werden auch Impulse und Fachartikel angeboten, die die Teilnehmer*innen im Selbststudium bearbeiten. Aus der intrinsischen Motivation heraus zu lernen, also aus eigenem Antrieb, erfordert Disziplin und eine große Portion Motivation. Das Self-paced learning gewährt unseren Lernentwicklungsprozessen größtmögliche Freiheit – in positiver wie negativer Richtung.

Hilfreich können klar definierte Ziele[20] sein, die mithilfe von Fragen formuliert werden:

---

20 Die acht W-Fragen der didaktischen Planung aus Kapitel 2 können hier ebenfalls sehr hilfreich sein.

- Was möchte ich (in welchem Zeitrahmen) erreichen?
- Welches Ziel möchte ich erreichen?
- Was möchte ich nach dem erreichten Ziel damit anfangen?

Nicht selten erleben wir Frustrationen durch nicht eingehaltene Zeitpläne und damit einhergehend unerledigte Aufgaben oder können durch die hohe Flexibilität in die Prokrastination geraten. Wir alle haben zudem eine Lernbiografie und unsere Erfahrungen, die wir im Kontext von Bildung und Lernen gesammelt haben. Diese prägen uns heute im Jetzt und Hier. Biografisch hilfreiche Fragen können in diesem Kontext sein:

- Wie habe ich frühere Durstrecken überwunden?
- Wer oder was unterstützt mich beim Erledigen meiner selbst gesteckten Aufgaben?
- Was motiviert mich?
- Welche Aufgaben sind mir besonders gut gelungen?

Es bewährt sich, sich realistische, fixe Zeiten und Ziele zu setzen und das Einhalten dieser „Lernzeiten“ auf einem Blatt Papier sichtbar zu machen oder sich zu belohnen. Ein Ziel Schritt für Schritt zu erreichen ist eine wichtige Erfahrung, die uns in unserem Selbstwert stärkt. Entscheidend ist es, welche Motivation hinter dem Wunsch, etwas zu erlernen, steht. Wenn die Eigenmotivation auf ein attraktives Ziel zurückgreifen kann, kann durch das schrittweise Erreichen der Zwischen-Ziele und der Würdigung dieser ein neuer Motivationsschub entstehen und im Endeffekt das Ziel erreicht werden. Wenn die Lernbiografie vielleicht aus weniger positiven Erfahrungen besteht, hat man immer die Wahl, etwas neu und anders zu bewältigen.

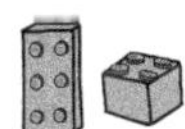

Kinozeit

Sie sind immer beliebter geworden und das häufig zu Recht: Lern-Videos. Ob auf Video-Plattformen oder von Institutionen bereitgestellt, leisten Lern-Videos oder auch Erklär-Videos einen wichtigen Beitrag für den Wissens-

Kanon. Sie sind in der Regel öffentlich zugänglich und niederschwellig abrufbar und vermitteln Wissen zu einem bestimmten Themengebiet bzw. Sachverhalt. Für das selbstbestimmte Lernen sind Lern-Videos eine willkommene Abwechslung, denn sie sprechen unsere Sinne an.

5.6 Resümee ziehen durch die Evaluation

Nach dem Online-Meeting ist vor dem Online-Meeting. Die Evaluation eines Angebotes ist nicht nur für die Teilnehmer*innen wichtig, sondern auch für die Trainer*innen. Sie bildet die Grundlage für Bewährtes und Dinge, die noch besser laufen dürfen.[21]

Mit der weiter oben beschriebenen Methode Fünf-Finger-Feedback kann z. B. auch nach der Hälfte der Zeit eines längeren Lehrganges von den Teilnehmer*innen eine Rückmeldung erbeten werden. Dies kann sehr hilfreich sein, um den weiteren Verlauf des Lehrganges an die Anforderungen und Wünsche, die vielleicht bis dato noch nicht bekannt waren, anzupassen.

Zielscheibe

Am Ende eines Online-Meetings wird eine Zielscheibe abgebildet und die Teilnehmer*innen werden dazu aufgefordert, je nach Frage ihren Stempel an die für sie richtige Stelle der Zielscheibe zu setzen. Dies kann so geschehen, dass jeweils eine Reflexionsfrage gestellt wird und die Teilnehmer*innen stempeln, wie nah es ihre Erwartung (= Mitte der Zielscheibe) getroffen hat oder auch nicht.

Rund um die Zielscheibe können unterschiedliche Bereiche eingetragen und damit abgefragt werden, so z. B. auch die Qualität der einzelnen Teile eines mehrteiligen Seminares. Damit entsteht ein Stimmungsbild, und dies erlaubt näheres Nachfragen, wenn es z. B. viele Stempelungen am äußeren Rand geben sollte oder umgekehrt.

21 Die Ergebnisse aus den Reflexionsrunden lassen sich gut für weitergehende Evaluationen nutzen.

5.7 Gut, wenn man einen hat: Der Plan B

Auch das zeigt unsere Erfahrung: Wir planen alles bis ins kleinste Detail und dann kommt es doch anders als wir dachten. Daher haben wir uns für zwei herausfordernde Situationen Alternativszenarien überlegt, die Sicherheit geben. Dies also sind unsere *Methoden bei technischen Störungen oder unsere Lieblings-Notfall-Methoden:*

- Chat-Gespräch
- #Hashtags abfragen
- Speiseplan
- Ein-Wort-Geschichte
- Wortspiele

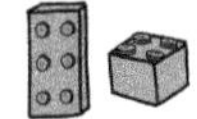

Worst Case – Internetausfall seitens der Trainer*innen
Zum Schluss eine Methode für den absoluten Worst Case (deutsch: schlimmster Fall), nämlich wenn die Internetverbindung der Trainer*in komplett ausfällt. In diesem Fall ist es absolut wertvoll, bereits vor Beginn des Online-Meetings einen E-Mail-Entwurf mit einem Arbeitsauftrag für die Teilnehmer*innen vorbereitet zu haben. Dieser E-Mail-Entwurf sollte über das Smartphone der Trainer*in abrufbar sein, somit ist ggf. zumindest gesichert, eine E-Mail über die mobilen Daten versenden zu können. Dafür muss auch der E-Mail-Verteiler der Teilnehmer*innen via Smartphone verfügbar sein.

Eine weitere Alternative, sofern auch das Mobilfunknetz eine Störung haben sollte, ist es, einen vorbereiteten Arbeitsauftrag zu Beginn des Online-Meetings per Chat zum Download für die Teilnehmer*innen zur Verfügung zu stellen.

In diesem Zusammenhang möchten wir darauf hinweisen, dass es eine beruhigende Möglichkeit darstellt, bei einem Online-Meeting, das alleine geleitet wird, eine/n der Teilnehmer*innen zu bitten, für den Fall der Fälle übers Smartphone/Telefon die Verbindung zwischen Gruppe und Trainer*in herzustellen.

6 Schlussbetrachtung: Möglichkeiten und Grenzen im digitalen Raum

Biografiearbeit Online funktioniert – aber wie? Es gibt vielfältige Möglichkeiten und sicher viele Grenzen. Welche Chancen die Biografiearbeit im digitalen Raum bietet und welche Herausforderungen uns begegnen, stellen wir in diesem Kapitel auf einen Blick dar.

6.1 *Biografiearbeit Online* auf einen Blick

In den letzten Jahren ist die Nutzung von Online-Angeboten deutlich gestiegen. Laut Statistik[1] nutzten 2 % der Menschen im Alter zwischen 16 und 74 Jahren zwischen 2008 und 2020 das Internet für Online-Kurse. Bis 2020 ist der Nutzungsanteil auf 12 % gestiegen. Menschen möchten sich gerne weiterbilden und dabei wird der Zugang zu Bildung immer einfacher, weil es diverse Angebotsformate für verschiedene Bedürfnisse gibt.

Biografiearbeit in den digitalen Raum zu verlegen kann eine Alternative sein, eine Ergänzung, und hat daneben ein eigenständiges Berechtigungsdasein. Es sollte nicht um „besser“ oder „schlechter“ gehen, sondern um die Möglichkeiten, die beides bietet, und um Ideen, beides miteinander zu verbinden. Wir sehen das Online-Meeting als Möglichkeit, miteinander in Berührung und Begegnung zu kommen. *Biografiearbeit Online* funktioniert nicht nur, die Angebote im digitalen Raum bieten teilweise sogar deutliche Vorteile gegenüber analogen Begegnungen. In der nachfolgenden Auflistung

1 „Anteil der Personen in Deutschland, die das Internet für Online-Kurse nutzen, in ausgewählten Jahren von 2008 bis 2020“, www.statista.com, Veröffentlichung Februar 2021.

haben wir einzelne Gesichtspunkte aus unserer Sicht und Praxiserfahrung aufgeführt:

- *Ortsungebunden:* Der große Vorteil von Online-Angeboten jeglicher Art ist die mehrfach genannte Ortsungebundenheit. Die Teilnahme an einem Online-Meeting ist nahezu von überall aus möglich. Die Anreise fällt weg – diesen wesentlichen Faktor sehen rund 53 % der Nutzer*innen von Online-Angeboten als klaren Pluspunkt für ein Online-Meeting.[2]
- *Zeitmanagement* (z. B. Flexibilität, Zeitersparnis zwischen zwei Terminen): Die eingesparten Zeit- und Geldressourcen können unseren „ROI" (deutsch: Return-on-Investment) erhöhen – es wird weniger Zeit und Geld investiert und dennoch können gute Ergebnisse erzielt werden. Ein Online-Meeting hat zwar einerseits den Sparfaktor Zeit, z. B. bei der Planung zweier Termine hintereinander ohne Anfahrtswege. In der *Biografiearbeit Online* sollte es jedoch unserer Erfahrung nach darum gehen, sich bewusst Zeit zu nehmen, statt Zeit zu sparen. Es geht um die wertvolle Zeit für sich selbst, statt mehr und mehr an Aufgaben in ein (möglicherweise ohnehin) knappes Zeitfenster zu (über)füllen. Nicht nur in der Biografiearbeit ist die Zeit ein wichtiges Gut. Während der Beschäftigung mit (eigenen) Lebensgeschichten ist die Zeit für diese wichtig: in der Selbstreflexion, im Austausch mit Peergroups – Biografiearbeit ist ein fortlaufender Prozess und benötigt Zeit!
- *Geringe Aufwands- und Betriebskosten* (Raummiete, Verpflegung, Anreise etc.): Da keine Anreise nötig ist, entfallen hohe Aufwands- und Reisekosten. Natürlich sind die bereits benannten geringeren Kurskosten von Vorteil. Allerdings ist gleichzeitig der Verwaltungsaufwand – und die damit verbundene Zeit- und Kostenfaktoren – nicht zu unterschätzen. Sowohl die Bewerbung der Angebote als auch der Schriftverkehr oder das eine oder andere Telefonat rund um die Teilnahme und die Rechnungslegung fallen an, v. a. wenn die Angebote selbst verwaltet werden und nicht über einen Bildungsträger laufen. Digitale Angebote zum Nulltarif anzubieten, sehen wir als sehr kritisch. Ein Online-Meeting bedarf einiger Vorbereitung und ist erst einmal deutlich aufwendiger, denn das „Übertragen" von analogen Angeboten in die digitale Welt funktioniert nicht 1:1. Teilweise müssen Impulse und Methoden (aufwendig) digital übersetzt und angepasst werden.
- *Vertrautes Umfeld:* Einer der größten Vorteile von *Biografiearbeit Online* ist es in unseren Augen, dass die Teilnahme im vertrauten Umfeld statt-

2 Österreichische Studie des Marktforschungsinstituts IMAS, https://erwachsenenbildung.at/aktuell/nachrichten/14267-studie-von-wifi-und-wko-zu-weiterbildung-in-zeiten-von-corona.php, letzter Aufruf am 1. 12. 2021.

finden kann. Dieser Aspekt ist für die digitale Begegnung positiv zu bewerten und kann sehr förderlich[3] sein. Pluspunkte sehen wir auch bei der Terminkoordination und den damit verbundenen organisatorischen Vorteilen, die ein Online-Meeting bietet.

- *Ressourcenschonend und damit nachhaltig:* Die mit dem Wegfall von Anfahrtswegen verbundene Reduzierung von vermeidbaren (Geschäfts-) Reisen wirkt sich außerdem nachhaltig auf die Umwelt aus.
- *Organisatorische Vorteile* (z. B. Terminkoordinierung unabhängig von der Raumbelegung): Unserem Eindruck nach können Online-Meetings flexibler terminiert werden. Allerdings machen wir auch hin und wieder die Erfahrung, dass Anmeldungen zu Online-Meetings vorschnell abgesagt werden oder erst sehr kurzfristig erfolgen. Möglicherweise hat die gebotene Flexibilität zwei Seiten: Der flexible Rückzug wird ggf. als mehrheitlich „einfacher“ eingestuft.

  Ein Online-Angebot kann dem persönlichen Lebensstil individueller entsprechen. Es spielen z. B. Aspekte wie die freie Gestaltung der Selbstversorgung eine Rolle. Für Menschen, die besondere Vorlieben bzw. Einschränkungen im Bereich der Ernährung haben, kann das eine echte Erleichterung sein.
- *Erlernen von technischem Know-how:* Ein Nebeneffekt der Teilnahme bzw. Durchführung von Online-Meetings ist das Erlernen und/oder Erweitern der technischen Kompetenzen. Neben dem Erwerb persönlicher biografischer Kompetenz werden „nebenbei“ sämtliche Werkzeuge, Tools und Online-Kenntnisse erworben. Diese können sogar so weitreichend sein, dass die Teilnehmer*innen mit (neu) erworbenem technischen Know-how selbst Online-Meetings anbieten können.
- *Digitale Angebote rund um die Biografiearbeit selbst vermarkten:* Einerseits können Veranstaltungen in Newslettern der Trainer*innen ausgeschrieben werden. Teilnehmer*innen können im Anschluss an ein Online-Meeting gefragt werden, ob sie weiterhin über aktuelle Angebote der Biografiearbeit informiert werden möchten. Auch andere Kanäle, wie Webseiten und Plattformen für Online-Angebote, können genutzt werden. Essenziell ist ein Netzwerk, das sich bspw. durch eine Vereinsmitgliedschaft aufbauen lässt. Außerdem sind Social-Media-Plattformen gute Möglichkeiten, eigene Angebote zielgruppenorientiert zu bewerben.

3 Wie z. B. im Bereich der Selbstfürsorge, wie in Kapitel 4 ausführlich erläutert.

6.2 Grenzen der digitalen Begegnung

Neben den zahlreichen Vorteilen und Möglichkeiten von Biografiearbeit im digitalen Raum wollen wir auch die Nachteile und Grenzen der digitalen Begegnung nicht ausblenden.

Dort, wo sich Menschen begegnen, können potenziell immer Konflikte auftreten. Im digitalen Raum kommen zu den üblichen Herausforderungen spezifische Konfliktsituationen hinzu. Als äußerst störend wird es beispielsweise empfunden, wenn eine Person im Online-Meeting technische Schwierigkeiten hat und dadurch die gesamte Gruppe aufhält. Auch das (versehentliche) Freischalten des Tons führt zu Irritationen. Das Verständnis der anderen Teilnehmer*innen für das ungewollte Mitanhören von privaten Unterhaltungen im Hintergrund bzw. von immer wiederkehrenden Telefonanrufen oder Hundegebell ist häufig schnell erschöpft.

Vielredner*innen sind manchmal weniger leicht zu stoppen, und es bedarf großer Aufmerksamkeit, um hier eine gute Balance für alle zu finden. Bei Unstimmigkeiten hilft es, miteinander zu kommunizieren.

In vielen Software-Programmen sind die Teilnehmer*innen je nach Gruppengröße nicht alle auf einem Bildschirm zu sehen. Wie bereits erwähnt, kann ein zweiter Bildschirm an dieser Stelle unterstützend sein. Allerdings wird das technische Equipment für Online-Meetings durchaus immer anspruchsvoller und ist aus unserer Sicht nicht zwingend erforderlich. Weniger ist in diesem Falle mehr.

Trainer*innen sind im Online-Meeting demnach deutlich stärker auf die Rückmeldungen und das in Kommunikation miteinander Treten der Teilnehmer*innen angewiesen. Diese Kommunikation mittels Körpersprache über einen Bildschirm stellt mitunter eine große Herausforderung dar. Dies spiegelt sich auch in emotionalen Reaktionen wider. Der/die Trainer*in ist immer darauf bedacht, die Teilnehmer*innen behutsam durch das Seminar zu führen. Die digitale Kommunikation kann insbesondere traurige, emotionale Reaktionen schwerer erkennbar machen. Biografiearbeit berührt und bewegt – analog und online. Im Online-Meeting sind die Trainer*innen darauf angewiesen, dass die Teilnehmer*innen emotionale Berührungen kundtun, z. B. über das direkte darauf aufmerksam Machen oder eine Nachricht über den Chat zu schreiben.[4]

Eine echte Herausforderung im Online-Meeting sind definitiv technische Schwierigkeiten und/oder Pannen.[5] Die Technik kann also eine

4 In Kapitel 4 werden diese Besonderheiten unter dem Aspekt der Selbstfürsorge grundlegend beleuchtet.

5 In den Praxisbeispielen, in Kapitel 5, gibt es hilfreiche und motivierende Impulse dazu.

Hürde sein. Wenn der Zugriff zur Herausforderung wird, bedarf es Ruhe und Gelassenheit seitens der Trainer*innen. Dieser Punkt kann und sollte unbedingt vor und während jedes Online-Meetings bedacht werden. Denn aus unseren Praxiserfahrungen heraus wissen wir, dass in jedem Online-Meeting irgendetwas „Technisches“ dazwischenkommt. Es ist wichtig, die Teilnehmer*innen bereits vorher ausgiebig darüber zu informieren welchen technischen Zugang sie benötigen, welche Dinge im Notfall zu tun sind und welche Dinge vorbereitet werden sollen (z. B. Materialien im Voraus ausdrucken und bereitlegen), um einer möglichen Spirale technischer Hürden vorzubeugen.[6] Während des Online-Meetings ist immer abzuwägen, was gerade einen höheren Stellenwert hat: Dem Anspruch der Teilnehmer*innen gerecht zu werden, dass sie alle Online-Funktionen nutzen können oder das Seminarthema zu fokussieren. Wir empfehlen eine gesunde Mischung aus beidem und die gewisse Spontaneität, Flexibilität und die Bereitschaft, auch einmal bei Pannen zu lachen und die Situation einfach mit Humor zu nehmen. Aus unseren Erfahrungen heraus können wir eines ganz sicher sagen: technische Hürden gibt es nahezu immer – und genauso gelingt es immer, das Beste daraus zu machen und eine gute Lösung zu finden. Es ist uns noch nie ein/eine Teilnehmer*in im digitalen Raum über einen längeren Zeitraum hinweg „abhanden“ gekommen.

6.3 Auf den (unseren) Punkt gebracht

Abschließend lässt sich aus unserer Sicht zusammenfassen, dass die Veränderungen des Alltages, der Gesellschaft sowie der Wirtschaft im Zeitalter der Digitalen Transformation[7] Chancen und Herausforderungen (gleichermaßen) bieten.

6 Die technischen Zugangsvoraussetzungen werden ausführlich in Kapitel 3 beschrieben.

7 Vgl. Hessisches Ministerium für Wirtschaft, Energie, Verkehr und Wohnen (2019), S. 11 ff.

In der *Biografiearbeit Online* (er-)leben wir …

- veränderte methodisch-didaktische Anforderungen
- einen Wandel der Beteiligung am öffentlichen Leben durch die Teilnahmemöglichkeit an einem Online-Meeting und damit an sozialer Gemeinschaft – online statt analog
- die Beschleunigung der Kommunikation (jedoch auch Zeitersparnis – Zeit haben und Zeit nehmen): Online bzw. digital geht vieles schneller, Chat, Anrufe, Sprachnachrichten etc. und der Online-Weg können Zeit sparen
- einen zusätzlichen (unvermeidbaren) Gewinn in der und für die Erwachsenenbildung
- einen Anstoß für die Umsetzung eigener Angebote der Biografiearbeit im digitalen Raum
- die Erschließung neuer bzw. erweiterter Zielgruppen
- eine räumliche und zeitliche Flexibilität des Angebotes
- den Fokus auf eine Erweiterung des Angebotes
- die Entwicklung neuer Geschäftsmodelle

und dem entgegengesetzt die Ausarbeitung von …

- einem höheren Aufwand: denn in der ersten Umsetzungsphase haben Trainer*innen zunächst keine Entlastung (Umsetzung analog vs. online)
- möglicherweise fehlenden, beispielhafte Konzepten zum Einsatz digitaler Lernangebote/Medien (die wir hiermit in vielerlei Hinsicht für die *Biografiearbeit Online* bieten)
- den auftretenden Unsicherheiten bzgl. Datenschutz
- dem Aufbau fehlender Medienkompetenz seitens Trainer*innen und Teilnehmer*innen

Biografiearbeit Online – das geht, und es geht mit Spaß und Aha-Effekt. Wir hoffen, wir konnten unseren Leser*innen Lust auf das Online-Setting machen – sei es als Anbieter*in oder als Teilnehmer*in.

Begegnungen, die online stattfinden, sind Geschenke, die wir uns selbst und unseren Mitmenschen machen dürfen. Analog-Angebote sehen wir dabei keineswegs als überholt an – jedoch als veränderbar. Wir sind der Meinung, dass gewohnte Arbeits- und Lernmodelle überdacht und neugestaltet werden können und sollten.

Wir erleben digital nicht besser oder schlechter – wir erleben digital anders.

Ja, digitale Begegnungen haben Grenzen. Und ja: Digitale Begegnungen können Grenzen öffnen! Mit „Mut und Methode“ sind die Möglichkeiten und Grenzen im digitalen Raum gestaltbar!

Was unsere Teilnehmer*innen über* Biografiearbeit Online *sagen

Nach unseren Online-Meetings sind für uns die Rückmeldungen unserer Teilnehmer*innen kostbar.[8] Gerne wollen wir das Feedback weitergeben, das sicher auch für andere wertvoll sein kann. Viele Teilnehmer*innen finden es mutig, dass wir überhaupt *Biografiearbeit Online* umsetzen. Die Vorfreude-Post mit anregendem Material kommt immer gut an – in zweierlei Hinsicht. Kreativ und ästhetisch gestaltete Präsentationen, die eine große Methodenvielfalt abbilden, machen das Online-Meeting lebendig und die Biografiearbeit erlebbar. Ein nachvollziehbar strukturiertes Online-Meeting wird von den Teilnehmer*innen geschätzt – der rote Faden (der sich nicht nur durch Biografien zieht, sondern auch durch Seminarpläne) ist erkennbar. Unsere Teilnehmer*innen benennen, dass (permanente) technische Hürden einzelner Teilnehmer*innen störend wirken. Ein guter und souveräner Umgang damit und das „Bei-Laune-Halten“ aller Teilnehmer*innen wird sehr geschätzt. Ein Online-Meeting bedarf mehrerer Pausen als ein Seminar im analogen Raum – das bestätigen unsere Teilnehmer*innen. Im Online-Meeting sollten von vornherein die Seminarzeiten konkret mit ausreichend Pausen definiert werden. Das schließt spontane Pausen zwischendurch nicht aus – im Gegenteil. Das stundenlange Sitzen kann mühselig sein und der Körper schnell ermüden. Bewegungsübungen und/oder Übungen für die Körperwahrnehmung dürfen dann gerne zum Einsatz kommen. Dabei gilt, wie immer: Alles darf, nichts muss. Denn es gibt Teilnehmer*innen, die diese Art von Körperübungen mögen und es gibt diejenigen, die sie nicht mögen. Die Reflexionsrunden bzw. die sogenannten „Hut-Runden“[9] sind während eines gesamten Online-Meetings immer wieder wichtig, fallen jedoch häufig sehr ausgedehnt aus. Die Teilnehmer*innen empfinden diese entsprechend häufig als zu langatmig, erkennen und schätzen jedoch den Mehrwert, den diese Runden mit dem Blick aus der Meta-Perspektive bieten.

---

8 Diese wertschätzenden und unterstützenden Rückmeldungen seitens der Teilnehmer*innen können für Trainer*innen sehr bedeutungsvoll sein. Eine Evaluation während und nach einem Online-Meeting (natürlich je nach Format) ist ein wunderbares Werkzeug (siehe Evaluationsmethoden in Kapitel 5), den Seminarplan anschließend zu überprüfen, zu überarbeiten und zu erweitern.

9 Ausführlich beschrieben in Kapitel 5.

6.4 Zukunftsvisionen für die Biografiearbeit im digitalen Raum

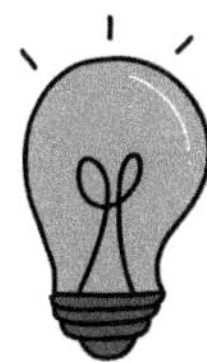

Für die zukünftige *Biografiearbeit Online* stellen wir uns neben dem reinen Online-Setting Mischformen vor, die einander bereichern können. Darunter fallen sogenannte Hybridveranstaltungen und das Blended Learning, zu Deutsch: „integriertes Lernen". Unter Hybridveranstaltungen versteht man alle Veranstaltungen, die Teilnehmer*innen im analogen und im digitalen Raum ansprechen – unabhängig davon, ob sie zeitgleich bzw. live oder nacheinander stattfinden bzw. aufgezeichnet sind.

Bei Hybridveranstaltungen ist die Hauptherausforderung, die Teilnehmer*innen aus dem analogen mit den Teilnehmer*innen aus dem digitalen Raum zu verbinden und umgekehrt. Grundlegend wichtig ist hierbei wieder das technische Setup, das an diese Situation angepasst werden darf. Mit einer sogenannten Konferenzkamera, die den gesamten analogen Raum filmt, Bewegungen verfolgt und die Bilder in den digitalen Raum überträgt, ist es dem Trainer/der Trainerin möglich, sich frei im Raum zu bewegen. Die Teilnehmer*innen zuhause vor den Bildschirmen können dann ebenso adressiert und angesprochen werden wie die Teilnehmer*innen im analogen Raum. Da sozusagen zwei verschiedene Angebote konzipiert, durchgeführt und nahtlos miteinander in Einklang gebracht werden müssen, empfiehlt es sich eindeutig, im Trainer*innen-Team aufzutreten.

Das Konzept vom Blended Learning, auch als integriertes Lernen bekannt, kombiniert unterschiedliche Settings, wie z. B. Live Online Seminar-Einheiten mit Self-paced learning.

Das Angebot dieser Formate wächst. Während Teilnehmer*innen sich einen Mix[10] aus 40 % Online- und 60 % Analog-Angeboten wünschen, werden seitens diverser Bildungseinrichtungen bereits 36 %[11] der Kursangebote als Blended Learning angeboten. Angebote rund um Online-Meetings kommen auf 29 % – analoge Veranstaltungen liegen mit 83 % weit vorne. Allerdings sind diese Zahlen 2018 erhoben worden. Bis dato werden diese sich ver-

10 Vgl. https://erwachsenenbildung.at/aktuell/nachrichten/14267-studie-von-wifi-und-wko-zu-weiterbildung-in-zeiten-von-corona.php, letzter Aufruf am 24. 1. 2022.

11 Vgl. Hessisches Ministerium für Wirtschaft, Energie, Verkehr und Wohnen (2019), S. 26.

mutlich mit der Tendenz steigend im Bereich des Blended Learnings und Online-Meetings verändert haben. Ein mehrtägiges bzw. ein Seminar oder ein Lehrgang, der in mehreren Modulen zu belegen ist, in einer gemischten Form aus Online-Meetings und analogen Seminaren zu gestalten, ist aus unserer Sicht sehr zukunftstauglich. Aus unserer Praxis können wir berichten, dass Teilnehmer*innen häufig ganz gezielt danach fragen. Systeme für diese Lern- und Begegnungsformen einzurichten und Zugänge für diese zu schaffen – das sind unsere Visionen für die *Biografiearbeit Online*. Grundlegend ist in unserem Gesamtbild der digitalen Begegnungen zwischen Menschen und ihren Lebensgeschichten die Chancengleichheit für alle Menschen in der Planung und anschließend in deren Umsetzung.

Wir sehen nicht das „One-day-wonder", das im Zuge vieler gesellschaftlicher Einschränkungen entstanden ist. Wir sehen einen Mehrwert und die nachhaltigen Chancen, die sich daraus ergeben haben und in welchen ein großes Potenzial von Kontinuität und der damit verbundene Erfolg steckt. Die Individualität, die das Spektrum der Biografiearbeit bietet, lässt sich in weitaus mehr Wirkungskreisen einsetzen, als wir es bisher tun. Diese Zielgruppen außerhalb der sozialen Arbeit (im sehr weiten Sinne), gilt es zu identifizieren und zu erreichen. Wir sprechen von Organisationen, größere und kleinere, in denen Menschen wirken und tun, mit ihren Lebensgeschichten, ihren Biografien im täglichen Miteinander aufeinandertreffen. Wie könnte man gerade diese Organisationen besser erreichen als mit *Biografiearbeit Online?*

Wir sehen die dauerhafte Kommunikation mit Kolleg*innen, Teilnehmer*innen und interessierten Menschen als beste Voraussetzungen für das weitere Haus, das sich auf die bereits entstandene Basis aufbauen kann.

Die digitalen Möglichkeiten für die Biografiearbeit kreativ zu nutzen, sehen wir auch in anderen Bereichen: Lebensgeschichten lassen sich z. B. in Podcasts, Apps und digitalen Fotobüchern festhalten und aufbewahren.

Fazit: Biografiearbeit sind wenige Grenzen gesetzt, und die Möglichkeiten, die wir online wie analog haben, wollen wir ausschöpfen und entfalten.

Danksagung

 lichen Dank

„Es sind die Begegnungen mit Menschen,
die das Leben lebenswert machen."
Guy de Maupassant

Herzlichen Dank an alle Leser*innen, die sich mit uns dem Wagnis *Biografiearbeit Online* in diesem Buch widmen. Biografiearbeit bewegt und berührt – auch online!

Das durften wir in den letzten zwei Jahren deutlich erfahren und erleben. Wir sind dankbar für die Angebote und Ideen, die wir zunächst selbst als Teilnehmerinnen kennengelernt haben. Das Feuer für die *Biografiearbeit Online* ist ziemlich schnell in uns entfacht – vor allem durch den regelmäßigen Austausch und die vielen kreativen Arbeitsgruppen des Vereins LebensMutig – Gesellschaft für Biografiearbeit e. V. In diesen Arbeitsgruppen war jede*r willkommen, online hinzuzukommen und mit den Kolleg*innen gemeinsam zu tüfteln, auszuprobieren, um bewährte, biografische Methoden aus unseren analogen Veranstaltungen in den digitalen Raum zu verlegen und neue zu kreieren. Selbst am Silvestermorgen haben wir uns motiviert online getroffen, weil es so viel Freude brachte, miteinander Altbekanntes neu anzugehen. Ohne den digitalen Raum wären wir uns niemals so häufig und in den unterschiedlichsten Konstellationen begegnet. Unser aller JA zur „Biografiearbeit geht auch online" hat das möglich gemacht und uns berührende Begegnungen miteinander geschenkt.

Vielen Dank für die zahlreichen Fachgespräche in unseren Netzwerken, die dazu beitragen, dass wir uns selbst weiterentwickeln können, bekannte Pfade verlassen, um Neues auszuprobieren, um das Konzept *Biografiearbeit Online* zu etablieren.

Wir sind dankbar für die Idee und Umsetzung des ersten LebensMutigen „Online-Zertifikats-Lehrgangs mit biografischem Schreiben", denn erst dadurch sind wir in die intensive Verbindung zu- und miteinander gekommen und dieses Buch durfte – in zahlreichen Online-Meetings – entstehen. Wir haben ein grandioses Team und freuen uns über unsere gemeinsamen Ideen, das Zusammenwirken und die Kreativität, die jede von uns Trainerinnen mitbringt. Wir sind dankbar, dass es weitergehen wird! Die wertvollen Begegnungen, die wir darüber hinaus in unseren Online-Meetings erleben, können nur durch einen ganz bestimmten Personenkreis ermöglicht werden: unsere Teilnehmer*innen, die sich offen und neugierig, mit einer gewissen Flexibilität und dem geforderten Abenteuersinn, auf die neuen Begegnungswelten mit uns einlassen. Die Offenheit und das Vertrauen unserer Teilnehmer*innen in uns Trainerinnen und in unser „Online-Konzept" haben uns gestärkt auf diesem neuen Weg. Davon sind wir sehr berührt und beglückt davon, was die *Biografiearbeit Online* uns für unser (berufliches) Wirken und Sein schenkt.

Nicht zuletzt danken wir von Herzen unseren Familien, Herzensmenschen und Wegbegleiter*innen (die sich allesamt in dieser Danksagung angesprochen fühlen dürfen). In diesen Begegnungen erfahren wir immer wieder Verständnis und Freiraum, Zuspruch und Zuversicht, anregende Impulse und einen Perspektivwechsel.

Wir freuen uns auf all die berührenden Begegnungen, die im digitalen Raum und anderswo noch entstehen dürfen!

Literatur

Verwendete Literatur

Arnold, Rolf & Schüßler, Ingeborg (Hg.) (2. Auflage 2015): *Ermöglichungsdidaktik. Grundlagen der Berufs- und Erwachsenenbildung Band 35.* Baltmannsweiler: Schneider Verlag.

Doose, Stefan (2013): Netzwerk Persönliche Zukunftsplanung (Hg.). *Persönliche Zukunftsplanung.* Kartenset. Lebensstil-Karten, Hut-Karten, Dreamcards. Neu-Ulm: AG SPAK.

Egger, Anna (2019): *Erzählbar.* Bonn: managerSeminare.

Hessisches Ministerium für Wirtschaft, Energie, Verkehr und Wohnen (2019): *Berufliche Weiterbildung im Zeitalter der Digitalen Transformation.* Hessen.

Kaya, Teresa & Kahlau, Hans (2021): *Praxisbuch Lebendige Biografiearbeit mit Märchen.* Weinheim und Basel: Beltz Juventa.

Klingenberger, Hubert (2003): *Lebensmutig.* München: Don Bosco.

Klingenberger, Hubert & Ramsauer, Erika (2017): *Biografiearbeit als Schatzsuche. Grundlagen und Methoden.* München: Don Bosco.

Sauerbrey, Ulf & Vollmar, Horst Christian: *Digitale Beratung in der Sozialpädagogik – ein Einblick in die gegenwärtige Lage.* Zeitschrift für Sozialpädagogik, Ausgabe 2/2019.

Simon, Walter (7. Auflage 2012): *Gabals großer Methodenkoffer – Grundlagen der Kommunikation.* Offenbach: Gabal.

Digitale Quellen

AOK Webpräsenz, https://www.aok.de/pk/magazin/wohlbefinden/gesund-im-job/mein-gesunder-arbeitsplatz-im-home-office/, (letzter Aufruf am 2.12.2021).

Charta der Vielfalt unter https://www.charta-der-vielfalt.de/, (letzter Aufruf am 15.12.2021).

Dirks, Sandra Webpräsenz, https://sandra-dirks.de/die-mm-icebreaker-methode/, (letzter Aufruf am 15.11.2021).

D21 DIGITAL INDEX. 2020/2021 Jährliches Lagebild zur Digitalen Gesellschaft, https://initiatived21.de/app/uploads/2021/02/d21-digital-index-2020_2021.pdf auf https://initiatived21.de/d21index/, (letzter Aufruf am 10.12.2021).

Erwachsenenbildung AT Webpräsenz, https://erwachsenenbildung.at/aktuell/nachrichten/14267-studie-von-wifi-und-wko-zu-weiterbildung-in-zeiten-von-corona.php, (letzter Aufruf am 24.1.2022).

HS Fulda Webpräsenz, https://www.hs-fulda.de/forschen/wissens-und-technologietransfer/rigl-fulda/podcast-podklusion, (letzter Aufruf am 13.11.21).

Netzwerk Leichte Sprache Webpräsenz, https://www.leichte-sprache.org/leichte-sprache/die-regeln/, (letzter Aufruf am 13.11.21).

Statista Datenbank, https://de.statista.com/statistik/daten/studie/158836/umfrage/internetnutzung-um-online-kurse-zu-machen/, (letzter Aufruf am 7.12.2021).

Literaturempfehlungen

Adam, Björn; Holle, Judith & Köpnick, Franziska (2021): *Das Methodenbuch für digitalen Unterricht. beWirken.* Bamberg: K. Urlaub GmbH.

Auer, Hansjörg & Hirtler-Rieger, Gesine & Ramsauer, Erika & Ruhland, Silvia (Hg.) (2020): *77 Impulse und Methoden Biografiearbeit – Mutmacher für ein Leben in Vielfalt und Wertschätzung.* Weinheim und Basel: Beltz Juventa.

Birkenbihl, Vera Felicitas (33. Auflage 2013): *Kommunikationstraining – Zwischenmenschliche Beziehungen erfolgreich gestalten.* München: mvg Verlag.

Brunner, Katrin & Paul, Petra (2020): *Der Reiseführer durch ein fremdes Land. TRAUER.* Ostfildern: Patmos Verlag.

Burkhard, Gudrun (2008): *Auf meinen Spuren. Übungen zur Biografiearbeit.* Bad Heilbrunn: Verlag Julius Klinkhardt.

Doose, Stefan; Emrich, Carolin & Göbel, Susanne (2013): *Käpt'n ife und seine Crew. Ein Arbeitsbuch zur Persönlichen Zukunftsplanung.* Neu-Ulm: AG Spak Bücher.

Doose, Stefan (2020): *I want my dream.* Neu-Ulm: AG Spak Bücher.

Fricke, Ulrike & Pollmann, Christina (2021): *Gemeinsam Online.* Weinheim und Basel: Beltz Verlag.

Gay, Marion (2. Auflage 2012): *Türen zur Fantasie. 100 Schreibspiele.* Berlin: Autorenhaus Verlag.

Gruhl, Monika (2018): *Resilienz. Die Strategie der Stehauf-Menschen. Krisen meistern mit innerer Widerstandskraft.* Freiburg: Herder.

Hofmeister, Susanne (2019): *Mein Lebenshaus hat viele Räume.* München: Kösel-Verlag.

Kerkhoff, Barbara & Halbach, Anne (2002): *Biografisches Arbeiten: Beispiele für die praktische Umsetzung.* Hannover: Vincentz.

Kindl-Beilfuß, Carmen (9. Auflage 2019): *Fragen können wie Küsse schmecken.* Heidelberg: Carl-Auer.

Klein, Zamyat M. (2006): *Kreative Seminarmethoden.* Offenbach: Gabal.

Klein, Zamyat M. (2020): *150 kreative Webinar-Methoden.* Bonn: managerSeminare Verlag.

Klingenberger, Hubert (2012): *Bildkarten zur Biografiearbeit: Mein Weg ist mein Weg.* München: Don Bosco.

Klingenberger, Hubert & Ramsauer, Erika (2016): *Biografiearbeit mit Paaren. Anlässe, Übungen, Impulse.* München: Don Bosco.

Klingenberger, Hubert & Zintl, Viola (2001): *Eigenständig. Biografische Erfahrungen nutzen. Beziehungsreich leben. Quellen der Ermutigung.* München: Don Bosco.

Korte, Martin (2017): *Wir sind Gedächtnis. Wie unsere Erinnerungen bestimmen, wer wir sind.* München: DVA.

Kramer, Michaela (2020): *Visuelle Biografiearbeit.* Baden-Baden: Nomos Verlag.

Lattschar, Birgit & Wiemann, Irmela (3. Auflage 2011): *Mädchen und Jungen entdecken ihre Geschichte – Grundlagen und Praxis der Biografiearbeit.* Weinheim und München: Juventa.

Lattschar, Birgit; Mohr, Karin & Hölzl, Susanne (Hg.) (2020): *Biografiearbeit wirkt. Instrumente, Konzepte, Erfahrungen.* EREV: Theorie und Praxis der Jugendhilfe, Heft 30. https://www.erev.de/publikationen/erev-themenheft-tpj-und-schriftenreihe/2020.html#heft127.

Linker, Wolfgang J. (2. Auflage 2010): *Kommunikative Kompetenz: Weniger ist mehr! Die Mikromuster der Impuls-Kommunikation.* Offenbach: Gabal.

Lohmann, Robin (2013): *Was gestern war, hilft mir für morgen – Lebenskompetenz durch Erinnerung.* München: Kösel.

Lukas, Elisabeth (3. Auflage 2006): *Rendezvous mit dem Leben – Ermutigungen für die Zukunft.* München: Kösel.

Morgenstern, Isabel (2011): *Projekt Lebensbuch – Biografiearbeit mit Jugendlichen.* Mülheim: Verlag an der Ruhr.

Rabaioli-Fischer, Barbara (2015): *Biografisches Arbeiten und Lebensrückblick in der Psychotherapie – Ein Praxishandbuch.* Göttingen: Hogrefe.

Reichel, René & Rabenstein, Reinhold (2001): *Kreativ beraten: Methoden, Modelle, Strategien für Beratung, Coaching und Supervision.* Münster: Ökotopia.

Ruhe, Hans Georg (3. Auflage 2007): *Methoden der Biografiearbeit – Lebensspuren entdecken und verstehen.* Weinheim und München: Juventa.

Ruhe, Hans Georg (2014): *Praxishandbuch Biografiearbeit – Methoden, Themen und Felder.* Weinheim und Basel: Beltz Juventa.

Ryan, Tony & Walker, Rodger (5. Auflage 2007): *Wo gehöre ich hin? – Biografiearbeit mit Kindern und Jugendlichen.* Weinheim und München: Juventa.

Schacter, Daniel (1999): *Wir sind Erinnerung: Gedächtnis und Persönlichkeit.* Hamburg: Reinbek: Rowohlt.

Steinbach, Gabriele: *Gelebtes Leben. Praxisbuch Biografiearbeit.* Esslingen: der Hospiz-Verlag.

Hilfreiche Spiele/Kartensets/Bildkarten

Frey, Pia & Rodust, Grischa (2017): *Der Nostalgomat. 125 000 Erinnerungen zum Lieben, Diskutieren und Manipulieren. Erzähl dein Leben neu!* Frankfurt am Main: Metermorphosen.

Hölzl, Susanne & Lattschar, Birgit (Hg.) (2021): *90 Impulskarten Biografiearbeit.* Weinheim und Basel: Beltz Juventa.

Kober, Norbert (2016): *Lebensspuren. Erzählkarten für Biografiearbeit, Gedächtnistraining und Erzählcafés.* München.: Don Bosco Medien GmbH.

Vertellis (2021). *Kartensets für inspirierende und bereichernde Gespräche.* Hersteller: Vertellis.

Hilfreiche Adressen im Internet

Biographiezentrum. Vereinigungen deutschsprachiger Biografinnen und Biografen: www.biographiezentrum.de

Bundesfachstelle für Barrierefreiheit: www.bundesfachstelle-barrierefreiheit.de

Bewirken. Digitale Schulakademie: www.digitale-schulakademie.de

Fachverband für Biografiearbeit e. V.: www.fabia-ev.de

Institut Biografiearbeit des forum Erwachsenenbildung im Evangelischen Bildungswerk Nürnberg e. V.: www.feb-nuernberg.de/institut-biografiearbeit/

OAZE Online Akademie von Zamyat M. Klein: https://www.oaze-online-akademie.de/

Netzwerk Digitale Bildung: www.netzwerk-digitale-bildung.de/fuer-lehrkraefte/methoden/

Netzwerk Persönliche Zukunftsplanung e. V.: www.persoenliche-zukunftsplanung.eu

Lentes. Für Kommunikation, die verbindet: https://kommunikation-lentes.de/

Lernplattform Studyflix: https://studyflix.de

Verein LebensMutig e. V. – Gesellschaft für Biografiearbeit: www.lebensmutig.de

Verein Biografiearbeit mit Kindern: www.biografiearbeitmitkindern.ch

Über die Illustratorin

Lara Zeyßig, StEx/M. A., Düsseldorf, Medienpädagogin, Konzeption und Gestaltung von Lern- und Lehrmaterial, Entwicklung von medienpädagogischen Workshops, Beratung zu Themen des digitalen Ein- und Umstieges für soziale Organisationen, Privatpersonen und Bildungseinrichtungen. Der Fokus ihrer Arbeit liegt auf den Themen Digitale Teilhabe, Inklusion und Barrierefreiheit.
www.bildungundkonzept.de

Anhang

Abkürzungsverzeichnis

bzw.	beziehungsweise
d. h.	das heißt
etc.	et cetera
e. V.	eingetragener Verein
ggf.	gegebenenfalls
lt.	laut
u. a.	unter anderem
v. a.	vor allem
vgl.	vergleiche
z. B.	zum Beispiel
tlw.	teilweise

Methodenverzeichnis

Kapitel 2

- Telefon-Geh-Spräch

Kapitel 3

- Vorfreude-Post
- Einladung per E-Mail
- Dreieck der Gemeinsamkeiten
- Gegenstandsgeschichten
- Meine Lebensrollen unter meinem Hut
- „Hutgeschichten"
- Energizer
- Der Blumenstrauß der Methoden
- Auf Wiedersehen!
- Virtuelle Abendbar
- Grüße versenden
- Digitale Auszeiten

Kapitel 4

- Stille Post
- Jammerrunde

- Rollenspiel in der Kleingruppe
- Aktives Zuhören

Kapitel 5

- „Meine persönlichen Essenzen"
- Digitale Pinnwand
- Die Stränge der Biografiearbeit konkret
- Die Timeline
- Die Kordel-Meditation
- Clustern
- Die Schlüsselbundvorstellung
- Der Lebenskoffer
- Die Handtaschengeschichten
- Von Kachel zu Kachel
- In Bildern sprechen
- Musik bewegt und berührt, Musik vereint die Menschen
- Sag's doch mit Musik
- „Es war einmal …"
- ABC-Darium
- Wortwolke
- Lieblingsplatz
- Dieses Feuer nehme ich mit
- Das Arm-ABC
- Augengymnastik
- Obst pflücken
- Schultern lockern
- Body Scan
- Das große Stöhnen
- Das JA zum Leben
- Chat-Gespräch
- Gruppenchat
- #hashtags
- Speiseplan
- Chat-Wasserfall
- Ein-Wort-Geschichte
- Wortspiele
- Emoticons
- Reflexion
- Medien früher und heute
- Fünf-Finger-Feedback
- Stimmungsstempel

- Energielevel
- Kinozeit
- Zielscheibe
- Worst Case – Internetausfall seitens der Trainer*innen

Materialien für Online-Meetings

Kapitel 2:

Blanko-Seminarplan

Zeit	Inhalt	Ziel	Methode	Material

Kordel-Meditation

Jedes Gruppenmitglied erhält eine ca. 30 Zentimeter lange feste Kordel. Folgender Text wird langsam vorgelesen:

Wir nehmen die Kordel in die Hand,
machen uns mit dem Material vertraut,
sehen, dass sie aus einzelnen Schnüren zusammengedreht ist,
riechen ihren trockenen Geruch,
spüren mit den Fingern ihre Rauheit,
aber auch zugleich ihre Beweglichkeit und Geschmeidigkeit.

Wir spielen mit der Kordel,
spannen sie zwischen den Händen,
bilden Schlaufen und bizarre Formen:
direkte Wege, Umwege, Kreise, Kurven,
hin und zurück, vorwärts und weiter
und manchmal rundherum, wie im Leben.

Wir spannen die Kordel zwischen den beiden Händen auf,
unser Leben ist eingespannt:
zwischen Geburt und Tod,
Freiheit und Abhängigkeit,
Lust und Frust,
Familie und Arbeit,
zwischen den Erwartungen, die an mich herangetragen werden,
und dem, was ich selbst will.
Das ist die Spannbreite des Lebens.
Die Lebensspannung ist mal stärker, mal schwächer:
Manchmal hängen wir durch, spannungslos, kraftlos;
manchmal ist alles zum Zerreißen gespannt,
und es fehlt nur noch ein kleiner Moment
und die Spannung würde sich explosionsartig in einem Durchreißen lösen.
Ähnliches gilt für unser Leben:
Termine, Erwartungen, Verpflichtungen, wem auch immer gegenüber,
vermeintliche Sachzwänge, eigene Vorstellungen und Vorhaben –
sie ziehen und zerren an uns.
Doch die Kordel wird nicht länger:
Unser Tag hat 24 Stunden,
unser Leben endet einmal, unsere Kräfte haben ihre Grenzen,
das Verständnis unserer Lebenspartner, Freunde und Mitarbeiter/-innen
ein Ende.

Wir nehmen die Kordel an den Enden und machen einen Knoten hinein:
Manchmal kommen Knoten in unseren Lebensfaden hinein –
man weiß oft nicht wie.
Unterschiedlichste Umstände können dazu fuhren:
Verletzungen und Enttäuschungen,
Bedrohungen und Ängste,
Wut und Trauer,
Einflüsse von innen und außen,
Gesprochenes, Unausgesprochenes, Nicht-zu-Ende-Gesprochenes.
Je fester die Spannung, desto fester wird der Knoten:
Er zieht sich fest, verfestigt sich,

etwas schleicht sich ein,
bleibt im Lebensfaden zurück.

Wir halten die Kordel weiter an ihren Enden und machen drei, vier weitere Knoten hinein:
Neue Knoten kommen hinzu,
setzen sich neben, vor allem aber auch auf den ersten Knoten.
Wenn einmal der Wurm drin ist,
kommen bald weitere hinzu so sagen wir.
Das Durcheinander wird größer, verworrener.
Anfang und Ende, der Ausgang aus dem Knäuel sind immer schwerer
zu erkennen,
der Abstand zwischen den Enden und Polen wird immer geringer.
Je mehr wir ziehen, je größer die Spannung wird,
desto enger und fester ziehen sich die Schlaufen.
Anscheinend wird der Knoten dadurch kleiner,
in Wirklichkeit wird er nur unauflösbarer.
Wir können den Lebensknoten nicht lösen,
wenn wir uns nicht aus der Anspannung herausnehmen:
Zeitdruck, Erwartungsdruck, Handlungsdruck,
Reflexionsdruck, Verantwortungsdruck nehmen Raum,
machen den Knoten enger,
binden, fesseln, verkürzen,
die Lebensspanne, die Spannbreite des Lebens.

Wir nehmen die Spannung aus der Kordel, lockern die Verschlingungen, lösen die Knoten:
Knoten, Verfestigungen, Auswucherungen im Lebensfaden
lassen sich nur im Zustand der Entspannung lösen.
Schlinge um Schlinge öffnet sich
wie größer werdende Kreise.
Lösung, Auf-lösung, Er-lösung in einer Situation der Spannungsfreiheit,
unter Rahmenbedingungen, die nicht vom Zugzwang bestimmt sind.

Darum geht es:
Freiräume der Spannungsfreiheit zu schaffen
statt neue Zug-Zwänge zu etablieren,
Lösung statt Spannung erzeugen,
Fesseln zu öffnen, statt neue Bänder anzulegen,
Muße zu ermöglichen statt den Zeit-, Erwartungs-, Handlungsdruck
zu übernehmen,
Verschlingungen zu lockern, statt Knoten festzuzurren,

Kreise zu weiten, Luft zu geben,
die Lebensspanne zu erweitern.

Aus: Klingenberger/Zintl (2001), S. 37ff.

Kapitel 3:

Die gelbe Tüte

Ein Mann saß eines Tages deprimiert mit hängenden Schultern auf einer Parkbank. Da kam ein kleines Mädchen den Weg entlang und sah den Mann dort so traurig und hoffnungslos auf der Bank sitzen. Voller Neugier blieb sie vor ihm stehen und fragte: „Was ist mit Dir los?"

Der Mann antwortete mit gepresster Stimme: „Ich bin sehr traurig, weil es so viel Schlechtes und Schlimmes auf der Welt gibt. Ich habe keine Freude mehr im Leben, ärgere mich über all die schlimmen Entwicklungen, die ich tagtäglich sehen, erleben, hören oder lesen muss. Da habe ich alle Hoffnung verloren."

Das Mädchen sah sich daraufhin suchend um den Mann herum um und fragte ihn überrascht: „Aber wo hast Du denn Deine gelbe Tüte?"

„Eine gelbe Tüte?", fragt der Mann. „Ich habe hier nur eine schwarze Tüte", und er hielt dem Mädchen eine große und offenbar sehr schwere schwarze Tüte hin. Das Mädchen schaute sehr vorsichtig in die schwarze Tüte hinein und erschrak. „Da sind ja nur schlimme Erlebnisse, Krisen, Gewalt, Betrug, Korruption und Enttäuschungen darin!"

„Ja", antwortete der Mann traurig, „so ist das Leben. Da kann man nichts machen."

„Hier, sieh mal in meine Tüte!" Das Mädchen hielt ihm eine gelbe Tüte hin. Der Mann beugte sich unsicher vor und schaute vorsichtig hinein. Er blickte auf strahlende Momente, Lachen, Unbeschwertheit, Zufriedenheit und schöne Erinnerungen.

Fragend wandte er sich wieder dem Mädchen zu: „Und hast Du keine schwarze Tüte?"

„Die werfe ich regelmäßig in den Müll!", antwortete die Kleine, „es ist doch viel schöner, die glücklichen Momente im Leben zu sammeln, den Sonnenschein, die Freude, die Begegnungen mit meinen Freunden und der Familie."

Die Worte des Mädchens machten den Mann nachdenklich und so bemerkte er nicht, dass das kleine Mädchen weitergegangen war. Als er wieder aufblickte, sah er sie von weitem noch einmal winken und hüpfend hinter einer Biegung verschwinden.

Neben ihm auf der Bank aber lag eine gelbe Tüte. Der Mann nahm sie vorsichtig auf und sah hinein. Sie war noch fast leer, lediglich ein herzliches Gespräch mit einem kleinen Mädchen war darin. Ein Lächeln trat auf sein Gesicht. Er nahm seine gelbe Tüte und stand entschlossen auf. Auf dem Heimweg entsorgte der Mann seine schwarze Tüte im nächsten Mülleimer.

Aus: Egger (2019), S. 94ff.

Impulsfragen Knöpfe

Was man gesehen/gehört haben sollte …
Was ich gestern erlebt habe …
Was ich gut kann …
Worauf ich nicht verzichten möchte …
Eine Lieblingsbeschäftigung als Kind …
Was ich in letzter Zeit gelernt habe …

Aus: Dirks
https://sandra-dirks.de/die-mm-icebreaker-methode/

Kapitel 5:

Arm-ABC

A	B	C	D	E
L	R	Z	R	Z
F	G	H	I	J
L	L	R	Z	R
K	L	M	N	O
L	R	Z	L	R
P	Q	R	S	T
Z	R	L	R	Z
U	V	W	XY	Z
Z	R	L	R	Z

Ein Beispiel-Elfchen

Biografiearbeit
berührt online genau so sehr
wie sie analog berührt
Biografiearbeit

Checkliste für die Planungsphase

Rahmenbedingungen

- Entscheidung für ein Online-Angebot: Auswahl des Settings (Seminar, Workshop etc.)
- Festlegung von Ort und Zeit
- Umgang mit dem/der Anbieter*in
- Klärung der Zielgruppe
- Ziel des Angebotes
- eventuelle Kooperationspartner*innen inklusive notwendiger Verträge
- Werbung

Inhaltliche Vorbereitung

- Auswahl der Methoden
- Zusammenstellen der benötigten Materialien, wie Präsentation, Arbeitsblätter etc.
- Themen-Recherche im Voraus
- Plan B für Notfälle
- Didaktische Planung und Erstellung eines Seminarplanes
- Arbeitsplatzgestaltung der Trainer*innen: Eine „Mitte" herrichten, Hintergrund, für eine gute Arbeitsatmosphäre sorgen

Technik und Datenschutz

- Technischer Support vorab: Umgang mit Anbieter*innen, Download, ggf. Angebot eines Technik-Checks, Leitfaden für den Umgang mit Anbieter*innen
- Notwendiges Equipment: PC/Laptop, Mikrofon, Kamera. Smartphone und Tablet sind ungeeignet
- Datenschutzhinweise aushändigen

Kontaktaufnahme mit den Teilnehmer*innen

- Vorfreude-Post: Materialien auswählen (Besonderheiten beachten, wie z. B. Lebensmittelunverträglichkeiten, wenn solche versendet werden sollen), Anschreiben formulieren und versenden
- E-Mail- bzw. Telefonkontakt
- Link zum digitalen Raum und weitere wichtige Informationen (individuelle Raumgestaltung, Materialien, Notfallnummer, Seminarzeiten etc.) an die Teilnehmer*innen versenden

Durchführung des Online-Meetings

- virtuellen Raum rechtzeitig öffnen
- Teilnehmer*innen willkommen heißen

- Ankommen, Smalltalk
- Vorstellung des Fahrplans
  - Vorfreude-Post gemeinsam auspacken und sichten (Plan B bereithalten, falls jemand die Vorfreude-Post nicht erhalten hat)
  - Hinweise zur Selbstfürsorge im Online-Setting
  - Tools und Möglichkeiten: Chat, „Sprechstunde" der Trainer*innen
  - kurze Einweisung in die Technik
  - Seminarzeiten und Pausen
  - Umgang mit Störungen
- Begegnungen herstellen: Plenum und Gruppenarbeit zu Beginn
- Wünsche und Erwartungen abfragen
- Impulse und Methoden schriftlich festhalten
- Teilnehmer*innen in die analoge Welt nehmen

Abschluss des Online-Meetings

- Seminarzeitung/Handout
- Themen und Methoden des Online-Meetings im Plenum zusammentragen
- Reflexion des Online-Meetings